U1017734

版权声明

Beyond Remote-Controlled Childhood: Teaching Young Children in the Media Age.

Copyright © 2013 by the National Association for the Education of Young Children.

All rights reserved.

保留所有权利。非经中国轻工业出版社“万千教育”书面授权，任何人不得以任何方式（包括但不限于电子、机械、手工或其他尚未被发明或应用的技术手段）复印、拍照、扫描、录音、朗读、存储、发表本书中任何部分或本书全部内容，以及其他附带的所有资料（包括但不限于光盘、音频、视频等）。中国轻工业出版社“万千教育”未授权任何机构提供源自本书内容的电子文件阅览、收听或下载服务。如有此类非法行为，查实必究。

Beyond Remote-Controlled Childhood

Teaching Young Children in the Media Age

解救困在电子屏幕里的儿童

媒体时代的幼儿教育指南

〔美〕戴安娜 · E. 莱文（Diane E. Levin）/ 著

宋占美　陈雅瑞　颜京凤 / 译

中国轻工业出版社

图书在版编目（CIP）数据

解救困在电子屏幕里的儿童：媒体时代的幼儿教育指南／（美）戴安娜·E.莱文（Diane E. Levin）著；宋占美，陈雅瑞，颜京凤译.—北京：中国轻工业出版社，2024.1

ISBN 978-7-5184-4544-8

Ⅰ.①解…　Ⅱ.①戴…　②宋…　③陈…　④颜…　Ⅲ.①幼儿教育－多媒体教学－指南　Ⅳ.①G61-62　②G434-62

中国国家版本馆CIP数据核字（2023）第194148号

责任编辑：牟　聪　　责任终审：张乃柬
策划编辑：吴　红　　责任校对：刘志颖　　责任监印：吴维斌

出版发行：中国轻工业出版社（北京鲁谷东街5号，邮编：100040）
印　　刷：三河市鑫金马印装有限公司
经　　销：各地新华书店
版　　次：2024年1月第1版第1次印刷
开　　本：710×1000　1/16　印张：13.75
字　　数：130千字
书　　号：ISBN 978-7-5184-4544-8　定价：52.00元
读者热线：010-65181109
发行电话：010-85119832　010-85119912
网　　址：http://www.chlip.com.cn　http://www.wqedu.com
电子信箱：1012305542@qq.com
如发现图书残缺请拨打读者热线联系调换
231044Y1X101ZYW

本书为浙江省哲学社会科学领军人才培育专项重大项目
“旨向共同富裕：多模态数据融合驱动的托育质量提升和评估研究”
（项目编号：23YJRC13ZD）成果之一

译 者 序

随着新媒体时代的到来，儿童时时被电子屏幕包围着，这对儿童的行为、认知和发展产生了重要的影响。如何充分认识到电子屏幕给儿童带来的利与弊，如何揭示其带给学校与家庭的教育方式、儿童自身的学习方式的诸多深刻影响，充分发挥电子屏幕的优势，避开其中的“鼠屎污羹”已是刻不容缓，需要研究者、教育工作者、家长及准教育工作者持续深入的研究。

《解救困在电子屏幕里的儿童——媒体时代的幼儿教育指南》（*Beyond Remote-Controlled Childhood: Teaching Young Children in the Media Age*）由美国波士顿惠洛克学院（Wheelock College）的戴安娜·E. 莱文（Diane E. Levin）博士所著，她是早期教育、儿童发展和儿童心理学领域的资深专家，已经深耕 40 余年。莱文博士参与了多个组织和运动，涉足抵制不健康的儿童娱乐教师协会（Teachers Resisting Unhealthy Children's Entertainment，TRUCE）、捍卫早教组织（Defending the Early Years）以及无商业化童年运动组织（Campaign for a Commercial-Free Childhood），长期致力于保护和促进儿童的福祉，帮助相关专业人士和家长应对儿童面临的各种社会因素（如暴力、贫困、媒体和商业文化、性别刻板印象等）对他们的影响，为促进儿童的健康成长和积极发展贡献其力量。

通过本书，莱文博士呼吁教育者、家长和社会各界共同关注儿童面临的媒体文化挑战，并提供了策略与方法来帮助儿童摆脱电子屏幕的操控，拥有一个健康和积极的童年。本书分为三个部分。第一部分建立了解决儿童被电子屏幕操控的问题的基础，呈现了困在电子屏幕里的儿童的概述、发展前景，以及对媒体文化如何影响儿童的近距离观察。第二部分提供了在课堂环境中帮助儿童摆脱电子屏幕操控的实践指南，包括与儿童一起解决问题、培养儿童创造力和应对负面媒体内容等方面的策略。第三部分探讨了在课外环境中帮助儿童摆脱电子屏幕操控的方法，涉及家校合作和社区建设的重要性。

作为译者，我深感责任重大和致远恐泥，本书直面当代儿童面临的重要问题——如何摆脱电子屏幕的操控并与媒体建立健康的关系，这也是我们当下不得不协助儿童面对且亟须解决的重大难题。同时，本书是在大量实践案例的基础上跨越时空，兼具实践反思、理论引领与实操指导的划时代著作，将对媒体时代的儿童教育产生深远的影响。然而，翻译终将只是译者在阅读原文基础上的转述，尽管该书的翻译耗时长久，我们邀请多位老师和研究生提前阅读译稿，给予完善和反馈意见，但是终难达到作者原文的酣畅淋漓、精准呈现，恳请读者批评指正。

最后，我要向莱文博士表示衷心的感谢，她的专业知识和对儿童福祉的热衷使本书成为可能。我也要感谢中国轻工业出版社“万千教育”编辑部的编辑及相关工作人员，是他们的辛勤工作和支持，使得这本译作能够呈现在读者面前。我还要感谢浙江省哲学社会科学领军人才培育专项重大项目——“旨向共同富裕：多模态数据融合驱动的托育质量提升和评估研究”（项目编号：23YJRC13ZD）的支持，让我们团队能够合力静心地承担该翻译工作。

我希望本书能为您带来深思，并为您提供实用的指导，以帮助儿童在当今媒体时代中获得健康和全面的成长！

译　者

2023 年 7 月于温州大学

原 著 序

20 世纪 80 年代中期，与我共事的许多教师对儿童在课堂中的游戏变化感到担忧和困惑。他们发现相较过去，现在更难限制和改变带有暴力主题的游戏（特别是在男孩们的课堂上）。当成人将儿童的注意力转移到别处时，他们仍继续沉浸在游戏中，有些男孩甚至沉迷其中。教师们也发现，相较以前，现在更难让男孩和女孩一起玩耍（Levin & Carlsson-Paige，2006；Linn，2004）。

如何解释教师们看到的变化？经过调查之后，我惊讶地发现，在大约一年前，当我开始倾听教师们的担忧时，几乎没有人注意到儿童媒体和媒体文化发生了突然而剧烈的变化。

1984 年，美国政府解除了对儿童市场的管控（Levin & Carlsson-Paige，2006；Linn，2004）。最初，根据美国国会的一项法案，美国联邦贸易委员会（Federal Trade Commission，FTC）失去了管控儿童市场的权力，只被允许向商人们提出建议。此外，美国联邦通信委员会（Federal Communications Commission，FCC）停止了约束儿童电视节目向儿童推销产品的规定，这正是教师们感到担忧的根源。这意味着，公司可以通过电视节目向儿童推销产品。

解除管控后，出现了许多只面向男孩或女孩的非常成功的儿童电视节目。但那些面向男孩的节目通常都有暴力主题，比如《宇宙巨人希曼》（*Masters of the Universe*）、《特种部队》（*G. I. Joe*）、《忍者神龟》（*Teenage Mutant Ninja Turtles*）和《恐龙战队》（*Mighty Morphin Power Rangers*）。主要面向女孩的节目包括《小马宝莉》（*My Little Pony*）和《爱心熊》（*Care Bears*）。在儿童商业电视节目中，极端的性别分化已成为常态。

另外，解除对儿童电视节目的管控使得“商业广告时长”暴涨。这些节目强调儿童产品，几乎将其与节目中的所有东西联系在一起。因此，数千种与媒体相关的产品授权很快出现，改变了儿童生活的很多方面——包括他们想要的玩具类型（通常是屏幕形象的复制）、穿的衣服和吃的食物。玩具生产商向有小孩子的家庭出售了价值数十亿美元的、与媒体相关的产品。孩子们很快就学会了要求（通常根据这些产品向他们推销的方式），甚至催促他们的父母尽可能多地购买产品。自从解除管控以来，每年很多畅销的玩具都与媒体有关（Levin & Carlsson-Paige，2006；Linn，2004）。

从那以后，与媒体相关的营销已经远远超出电视节目的范畴（Hotl et al.，2007）。产品通常通过媒体向儿童营销，电视节目、电影、儿童网站、电子游戏、儿童书籍，以及最新的应用程序都与之相联系。电子产品让许多孩子整天生活在媒体信息中。

我看到的这些改变，加上屏幕技术对儿童生活的影响迅速扩大，都给教学和育儿带来挑战。这些年来，我采访过的许多教师和家长愈发担忧流行媒体文化对儿童的影响。他们发现，有些媒体会对儿童的游戏、语言发展、社会互动和性别角色产生负面影响。他们表示，孩子们在玩游戏时会根据一档电视节目、一部电影或一个电子游戏的剧本进行表演，而不是用自己所认识的东西来进行角色和情节的创作。这些行为都说明了媒体和媒体营销的产品对儿童的影响。很多家长告诉我，即使他们设法避免购买自己认为不适合的玩具，但他们的孩子仍会在其他孩子的家里接触这些被禁止的玩具，甚至会说服朋友或其他家庭成员将其梦寐以求的玩具作为圣诞礼物送给他们。

随着媒体和技术的营销手段不断加强，儿童与其互动激增，这验证了我持续地从教师和越来越多的家长那里听到的担忧。正是这些启发了我，让我在本书中创造了“困在电子屏幕里的儿童”这个词。也就是说，我意识到越来越多儿童的态度、价值观、兴趣和行为都面临着被流行媒体和技术控制的风险，而不是由儿童自己积极主动地形成和创造。更重要的是，我意识到媒体不仅能控制儿童学什么课程，还能掌控他们学习这些课程的方式或过程。

现如今，“困在电子屏幕里的儿童”这一概念比过去的任何时候都更有意义。这已成为我认识孩子们如何在不断发展的媒体时代中成长的核心。我从中得出结论：作为幼儿教育工作者，我们需要更好地了解媒体文化如何影响儿童和家庭，并寻找有效的方式解救困在电子屏幕里的儿童。我希望这本书能帮助我们做到这一点。

关于作者

戴安娜·E. 莱文（Diane E. Levin）博士，美国波士顿惠洛克学院早期教育专业教授，从事早期教育专业人员的培训已经超过40年。最近，她教授的课程关注游戏的意义和发展，以及早期教育项目如何帮助治愈受战争和冲突影响的社区。这些课程涵盖在北爱尔兰和麦迪逊媒体学院的暑期服务性工作。

戴安娜博士是一位国际公认的专家，她帮助专业人士和家长处理各种社会力量带来的影响，涉及暴力、贫困、媒体和商业文化、性别刻板印象，以及对儿童、家庭和学校的高风险测试。她大力倡导改善儿童福祉的举措，是抵制不健康的儿童娱乐教师协会、捍卫早教组织，以及无商业化童年运动组织的联合创始人。她还是另外六本书的作者，包括《让孩子避免“性污染”》（*So Sexy So Soon*）、《暴力时代的幼儿教育》（*Teaching Young Children in Violent Times*）和《战争游戏的困境》（*The War Play Dilemma*）。她也经常担任会议的主讲人或工作坊的主持人。

目　录

引言　掌控儿童生活中的媒体……1

第一部分　建立行动的基础

第一章　困在电子屏幕里的儿童：概述……13

第二章　困在电子屏幕里的儿童：发展前景……27

第三章　近距离观察困在电子屏幕里的儿童：媒体文化如何影响儿童……37

第四章　创造条件：进一步了解儿童生活中的媒体……57

第二部分　帮助儿童在教室里摆脱电子屏幕的操控

第五章　与儿童一起解决问题：帮助“公主和王子们”过上幸福的生活……69

第六章　帮助儿童摆脱电子屏幕的操控：实践指南……85

第七章　摆脱电子屏幕操控的游戏：帮助儿童成为有创造力的玩家……111

第八章　应对负面的媒体内容：暴力、性化和商业化等……127

第九章　屏幕之外：让儿童在现实世界中采取行动……151

第三部分　帮助儿童在教室外摆脱电子屏幕的操控

第十章　家校合作……165

第十一章　社区建设促进变革：帮助儿童摆脱电子屏幕的操控……189

结语　解救困在电子屏幕里的儿童！……201

参考文献……203

引言

掌控儿童生活中的媒体

自从我写了《困在电子屏幕里的儿童？——与媒体文化的危害做斗争》（*Remote Control Childhood? Combating the Hazards of Media Culture*，Levin，1998）一书以来，媒体和媒体文化对儿童生活的影响仍在持续扩大，达到了几乎不可想象的程度。现在的儿童一出生就在充斥着媒体文化的环境中长大，他们几乎每天都接触屏幕，例如电视、电影、计算机、平板电脑、音乐播放器、电子阅读器、智能手机的屏幕。与此同时，在实际生活中，儿童接触的产品与他们在屏幕中看到的内容息息相关。

屏幕折射出的媒体文化日益成为儿童的核心经验，影响其世界观——世界是如何运作的，他们如何融入其中。实际上，媒体文化影响儿童的行为和对待他人的方式，也塑造了他们的学习方式、学习结果及将要学习的内容，甚至影响更多的方面。

作为早期教育专业人士，我们有必要了解媒体对儿童生活的影响，以及它如何改变儿童的生活——使其更好，也使其更糟。在当今世界中，很多早已确立的儿童实践可能不是帮助他们成长的最好方法。因为早期的很多方法没有充分考虑到媒体文化在塑造儿童及其学习方面的力量。

我们越了解当今媒体环境如何影响儿童的发展、学习、行为、关系和世界观，我们就越有能力在儿童的生活中发挥媒体文化的积极作用，并抵制消极作用，从而更好地制定合理的教育实践和政策。

然而，很少有幼儿教师受过培训，了解社会媒体和科技的发展对儿童的影响，更不知道如何在考虑这些因素的情况下调整教育实践。很少有教师培训计划强调以全面、有效的方式解决媒体文化的问题。社会的发展日新月异，即便有的教师考虑到了这方面的问题，也很难与时俱进，与新的发展同步。如果这对我们来说很困难，请想象一下家长面临的挑战，解救困在电子屏幕里的儿童是他们每天必做的功课。

我希望，本书能帮助你建立一个框架，进而与在当今世界中成长的儿童进行有效的合作——为所有与我们在一起的儿童克服消极因素的影响，推动积极因素发挥作用。我也希望你能帮助他们的家长这样做。

建构理解的持续性旅程

在《困在电子屏幕里的儿童？》的引言中，我解释说，虽然我是一名资深的发展心理学和早期教育学者，但是让我真正理解儿童如何受到媒体文化影响的是我的亲身经历，即在20世纪80—90年代，我在不断发展的媒体文化中抚养儿子的经历。我创造了“困在电子屏幕里的儿童”一词来解释我所观察到的事情：儿童的态度、价值观、兴趣和行为举止，通过使用屏幕受到大众传媒文化的控制，而这些都不是由他们自身或成人在他们的生活中积极形成和创造的。我的育儿经验帮助我构建了一个框架，理解且更有效地处理这些现象，并深刻地影响我写下这本书里的内容。

我对媒体文化入侵的亲身经验

在我的儿子伊莱进入幼儿园后不久，他受邀参加了一个新同学卡尔文的生日派对。卡尔文是幼儿园小班的孩子。我有点不安，因为我只见过他的父母一次。伊莱和我一起去给卡尔文买礼物，在讨论了他可能喜欢什么之后，伊莱决定买自己最喜欢的东西——一盒有香味的马克笔（每个颜色有不同的味道）和一个画板。

我们到了派对后，伊莱开心地跑开了，而我在与卡尔文的父母进行简单的寒暄后便离开了。当我去接伊莱的时候，他蹦蹦跳跳地来到我的面前，热情地邀请我去“看卡尔文的礼物”。我看到了一堆人偶和其他产品，几乎都与“战斗”主题的电视节目或电影相关，比如《宇宙巨人希曼》《特种部队》和《变形金刚》(*Transformers*)，它们在当时都非常受欢迎。这些礼物旁则放着一盒马克笔和一个画板。

卡尔文的妈妈走过来和我打招呼。为了解她对这些礼物的看法，我若无其事地说：“看来卡尔文在生日收获了一个军火库。”她耸耸肩说：“我们不允许房子里出现任何与战争有关的玩具。但是去年卡尔文进入幼儿园后，在他的生日派对上，许多小孩都买了这样的礼物，我又不能把礼物退回去。因此在那之后，我们不得不改变我们的做法。之后，卡尔文开始唠叨着要看那些玩具相关的电视节目。在那之前，他只在别人家里看过那些电视节目。”

伊莱和我离开了派对。当我们上车时，我知道下一次当他受邀参加生日派对时，他对赠送什么样的礼物会有不小的压力。我也知道，我们家目前在伊莱的玩具上达成的共识可能很快就需要重新商定，尤其是当临近他自己的生日派对时。这两点我都猜对了！

大约在一个月后，伊莱又参加了一个新同学的生日派对。当我去接他时，我发现所有的孩子都挤在一个小房间里看《夺宝奇兵》(*Raiders of the Lost Ark*)。根据伊莱的认知发展水平和个人经验，我是不会让他看这部电影的，因为其中包含了惊悚和暴力元素，它们是5—6岁儿童不能理解的内容。再一次，媒体以一种我无法控制的方式，进入了伊莱的生活。

在接下来的学年，也就是伊莱一年级的时候，《忍者神龟》成为他和朋友们的游戏中的主要人物。这个动画片及其衍生的玩具非常受欢迎，但还没有出现相关的电影。他在电视上看这个动画片的时候，总有一个成人在场。之后，在《忍者神龟》电影开映前的一个晚上，他收到了来自他们班公认的“神龟专家”的邀请，对方邀请他在周五放学后一起看电影首映。伊莱很激动能陪“神龟专家”一起看电影首映。幸运的是（我觉得），我们在周五放学后要离开小镇，因此伊莱很不开心，并且非常沮丧，不得不拒绝邀请。但当我周一早晨送伊莱上学时，我和他很快就发现：他是全班唯一一个没有看过这部电影的男孩。我意识到，他没看这部电影的事远远没有结束。

在许多年之后，我们在乘坐飞机时，大屏幕上播放了一部动作片，其中涉及强奸的情节，除了真实的性行为外，其他内容都被播放出来（根据航空公司的说法，这是“为家庭观看而剪辑的”版本）。在没有佩戴耳机的情况下，伊莱在人生中第一次看到了关于强奸的内容。我向乘务员表示了我对这部少儿不宜的电影的担忧，并询问投诉的渠道。飞机上的其他家长赞同我的做法，并向我表达感谢。

在“飞机事件”发生后不久，著名拳王迈克·泰森（Mike Tyson）因强奸而被审讯。新闻里到处都是对该审讯的报道。当伊莱在家里时，我们很少看新闻。然而有一天，他放学回家后问我什么是强奸，问我是否知道泰森。虽然我很高兴，伊莱在听到和看到一些事情后能来询问我，但我也意识到让儿童接触娱乐媒体的确会产生很多问题。许多儿童也被他们在新闻中听到的消息影响。

在伊莱的整个童年时期，我的丈夫加里·戈德斯坦（Gary Goldstein）和我都在努力创建一个负责的、深思熟虑的使用媒体的家庭。我们总是试图在我们认为合适的内容与伊莱的个人兴趣、欲望和经历之间达成平衡。

尽管作为父母，我们付出了最大的努力，但依然发现媒体会以一种我们几乎无法控制的方式进入孩子的生活，并对他产生越来越大的影响。在大多数时候，我和加里觉得，我们好像把手指放进了堤坝的一个洞里，即使水一直流进来，我们也需要把手指放在那里，以防洪水入侵。有时我们觉得，媒体正在操控我们的儿子——在他的生活中，他被电子屏幕操控着。在试图阻止洪水的过程中，我们学到了帮助儿子理解媒体的很多方法，并正确应对不断变化的潮流。有时，伊莱朋友的父母会和我们分享担忧。有时，我们要和那些认为一切都没问题的家长进行探讨。这些给我们带来了一系列的思考。

我的育儿经历让我能够更好地理解家长和专家们为儿童更好地面对媒体文化而做出的努力，也让我成为其中的一员，致力于持续进行相关的研究。自从出版《困在电子屏幕里的儿童？》以来，我与许多家长都合作过，他们说自己经历了我所描述的许多情况。尽管我和加里因自身的教育背景和拥有的资源，能够有幸地帮助儿子远离媒体的控制，但是大多数家长仍然挣扎在"生存线"上，无力帮助孩子面对媒体的冲击。

面对媒体的冲击，大多数家庭和我们家一样是孤军奋战，几乎收不到来自其他家长、学校或社区的支持。我儿子所在的学校认为，解决媒体问题并不是学校的责任，而我到访过的大多数学校也这么认为。即便在现在，美国很少有学校认为处理这些问题是他们的责任，尽管马萨诸塞州已经立法要求学校为幼儿园到十二年级的学生开设综合媒体素养课程（Massachusetts Media Literacy Consortium，2016）。（然而，大多数其他工业化国家将媒体素养课程作为学校的必修课程。）

在媒体文化不断发展的现在，如果我儿子所在学校与社区中的家长和教师能够共同努力解决家庭媒体问题和担忧，那么我的育儿活动会变得更加轻松和有效。例如，针对那些担心孩子在生日派对上收到的礼物，或担心孩子在其他家庭中所看电影的家长，可以建立一个讨论渠道。（值得赞扬的是，在媒体素养方面，我儿子所在的学校最终比大多数学校做了更多的工作。他们所做的一切都为本书的内容做出了贡献。）

如果全球各地的家长、学校和社区能够在关于媒体的问题上合作，那将对此更有帮助。我可能不会是第一个抱怨飞机上的电影中出现强奸镜头的家长。如果航空公司收到了家长们对飞机上播放的电影的抱怨，他们可能在选择电影时会更多地考虑孩子们的需求。整合所有人的力量来应对媒体对儿童的冲击，并为所有儿童的利益共同努力，必将更能发挥作用。

我意识到，学校和其他专业机构都未能帮助儿童和家庭解决媒体问题，也未能将媒体信息融入儿童教育工作，这促使我撰写了《困在电子屏幕里的儿童？》。无论是过去还是现在，我都深信，作为幼儿教师，我们要充分履行责任，了解媒体文化如何影响儿童，并学会运用这些知识来适应媒体时代下与儿童交往的方式。我希望这本书能够对幼儿教师有所帮助。

> 我们需要了解媒体文化是如何影响儿童的，并利用这些知识来调整我们与儿童的合作方式。

在《困在电子屏幕里的儿童？》出版十多年后，我基于它来撰写本书，这时伊莱已经30岁了。我可以重温，当他还是个孩子时，加里和我为应对媒体文化所做的努力。我对我们所完成的事情感到很满足，但我也为我们没能做到的事情感到惭愧。与媒体文化和科技对当今儿童生活的影响相比，我们所做的只是冰山一角。如今看来，作为父母，现在发生的事情的性质和规模要比我们抚养伊莱时复杂得多。

尽管科技融入幼儿课堂的趋势日益增长，但是相关的研究支持却没有跟进，由此，我们更应该担心过早使用电子产品对儿童的影响。例如，美国儿科学会（American Academy of Pediatrics，AAP）建议，2岁以下的儿童禁止看电视或电子设备的屏幕，2岁以上的儿童每天看屏幕的时间不超过2小时（在家庭和学校里没有区别，这包含所有的屏幕时间）。另外，美国儿科学会及其他早期教育机构建议，在早期教育阶段，2岁以上的儿童每周看屏幕的时间不超过0.5小时。

我一直在与来自世界各地的家长和教育工作者一起工作。他们在媒体文化方面的经历（和挣扎），以及他们为做出具有发展适宜性的回应所做的努力，是我对这些问题加深理解的重要途径。他们的努力和疑惑，激励我继续从事相关的工作。同时，我的育儿经验让我坚持帮助早期教育工作者做出明智的决定，共同应对当今不断扩大的屏幕时间和媒体文化对儿童的影响，帮助儿童开发他们的全部潜能——社交、情感、生理和智力。

我撰写本书是为了进一步推动解救困在电子屏幕里的儿童。我希望这有助于推动新一轮的行动与合作浪潮，尽可能地为儿童创设积极的媒体环境，帮助他们适应当今的媒体时代。成人和儿童需要共同努力，而不是各自努力，从而做出良好的媒体决策。如果每个人都按照本书中所建议的活动和行动方向付出努力，那么将对世界的发展大有帮助。基于儿童利益的最大化，我们可以在家庭、学校和社区中，携手政策制定者、电视台管理者和媒体从业者，达成共识，做出决策，共助儿童积极地应对媒体时代。

解救困在电子屏幕里的儿童

有所为，有所不为

随着科技的进步，媒体文化正以惊人的速度、越来越多的形式围绕着儿童。技术的进步对儿童都是有利的吗？很多成人认为，了解所有的选择是很重要的，只有这样才能在学校和家庭中选择最新的、“最好的”技术。尽管紧跟科技和媒体发展是有益的，但这不是本书要强调的内容。

当你阅读完本书后，我希望你拥有所需的知识和工具，针对儿童在生活中如何应对媒体做出明智、有效的决定。诚然，你不可能成为所有事物的专家，由于事物变化迅速，你的知识马上就会落后。本书旨在帮助你将儿童生活中关于媒体的关键问题应用于所有媒体——例如，与屏幕而非现实世界接触带来的影响和所有的媒体都相关，正如儿童的思维水平影响他们从屏幕中获取知识。具备关于潜在问题和解决方法的广泛知识，能为做出正确的媒体决策和全面应对不断的变化、通过各种方式影响儿童的媒体和技术提供一个基本框架。

在整本书中，我增加了很多教师和家长与我分享的故事，这些故事与他们和孩子接触媒体的经历相关。我用了戏剧性的故事为例，因为它们清晰地描述了正在解决的问题。另外，它们往往是教师和家长给我讲的故事，让我去了解发生了什么，以及如何解决。但它们未必是解决特定问题的唯一方式，甚至最典型的方式。媒体给儿童提供了许多积极的体验，我相信成人可以帮助儿童利用这些积极的体验。由此，本书重点关注消极的体验，即媒体和技术的负面影响。

本书的框架

> 主动和合作将帮助我们尽可能地为儿童创造积极的媒体氛围。

本书分为三个部分。第一部分（“建立行动的基础”）关注背景信息，将帮助你建立所需的知识基础，以便了解媒体和媒体文化，以及如何消解它们对儿童的负面影响。第二部分（“帮助儿童在教室里摆脱电子屏幕的操控”）提供了有关制定策略的信息，以便教师在教室里有效地与儿童合作，用多种方式解决媒体问题，并让其成为生活中的一部分。第三部分（“帮助儿童在教室外摆脱电子屏幕的操控”）重点关注与家长、学校和更大的社群在课外环境中解决媒体问题的策略。

通读全书，你会发现解释每个媒体相关问题的要点。你还会发现本书可以帮助你厘清处理这些问题的指导方针，为你如何开始行动提供具体的建议和范例，阐明教师、家长和其他致力于解决相关问题的人，如何在特定环境中将建议转化为实践。

你找不到解决你可能面临的所有问题的简单方法。复杂的问题需要复杂且不断发展的解决方案。你越能根据自己的情况使用本书中的内容，你的努力就会越有效和有意义。你要以适合自己的方式来使用这本书。你还要从小处着手，使用书中的建议，在此基础上发展新的方法，看事情进展如何。你可以与他人分享自己的努力和收获。

本书致力于帮助现如今的幼儿教师，同时帮助教师和家长合作解决问题。有些章节的内容可能看起来比其他内容更符合你的情况和需求。但你会发现所有章节中的内容都适用于学校和家庭，这也会帮助教师和家长更好地了解彼此的观点。

感谢你找到了各种方法，保护了儿童赖以生存的环境，使他们免受媒体文化的危害，抵消其可能造成的伤害，并推动技术、媒体和媒体文化在儿童生活中发挥积极的作用。

PART

01

第一部分

建立行动的基础

第一章

困在电子屏幕里的儿童：概述

4 岁的小女孩曼迪今天伤心地哭了，因为妈妈清洗了她心爱的公主午餐盒。由于午餐盒没有及时沥干，所以不能装午餐。因此当曼迪去学校时，她的午餐装在一个普通的塑料袋里。在午餐时间，其他女孩告诉曼迪，她不能坐在常坐的“公主餐桌”旁吃午餐，曼迪感到十分伤心——“只有用公主午餐盒的人，才能坐在这里吃饭”。

* * *

教师问 6 岁的贾森，他在家里喜欢看什么书。他激动地回答：“我在家里不看书。我的平板电脑会读给我听！”

* * *

在开学的第一天，在学校食堂里，正在上学前班的梅拉妮坐在教师的旁边。她指着隔壁桌子旁的女孩们，对教师说：“那些是受欢迎的女孩。”教师很惊讶，问她：“你怎么知道？”梅拉妮回答：“她们穿着‘合适的衣服’。我在电视上见过。”之后她悲伤地补充道：“我的妈妈不会给我买那些衣服，因为它们实在是太贵了。”

* * *

7 岁的达伦一直会做噩梦，深夜醒来后难以再次入睡。在极不情愿的情况下，达伦告诉他的父母，上周他找 11 岁的表哥玩时，表哥给他展示了电子游戏《侠盗猎车手》（*Grand Theft Auto*）。达伦看起来很担忧，他说自己向表哥保证过不会把这件事告诉任何人。（《侠盗猎车手》

媒体：传递内容的通信渠道，包括电视节目、电子游戏、电影、音乐、网站、广告和应用程序。

媒体文化：通过大众媒体传播的、以消费为导向的信息，涉及电视节目、电子游戏、电影、音乐、网站、应用程序和广告。媒体文化定义、瞄准并向用户销售产品。它塑造了个人的态度、价值观、行为和技能。

屏幕媒体：由有屏技术提供的内容，包括在电视、计算机、智能手机、平板电脑、电子阅读器和电子游戏机上看到的内容。

技术：传递媒体的工具、设备和其他机器或设备，包括电视、计算机、智能手机、收音机、音乐播放器、电子游戏机、电子阅读器和平板电脑。

被定为适合成人的M级游戏[①]，部分原因是它涉及暴力元素。）

如今，许多儿童成长的环境中充斥着媒体文化和电子产品，如电视节目、电影、应用程序、计算机游戏，以及互联网网站。孩子们接触这些媒体文化和电子产品的方式越来越多——涉及电视、计算机和手持设备（如平板电脑、智能手机和电子游戏机）。另外，孩子们会大量接触与屏幕内容相关的玩具和产品。媒体无处不在的环境，涉及儿童生活的方方面面，是儿童了解自己的世界，了解世界如何运作，如何融入这个世界并影响世界的核心部分。它们通常会影响儿童待人处事的方式，塑造他们的学习方式，改变他们想要学习的内容，甚至产生更多的影响（Lillard & Peterson，2011；Pagani et al.，2010）。

接触媒体和使用科技产品并不都是消极或被动的。在某些情况下，儿童可以使用电子产品来写作、创造、学习和共享信息。不仅如此，他们可以通过视频与远在他乡的祖父母聊天，很好地保持亲密关系。另外，并不是所有的儿童都能接触相同类型和数量的媒体和电子产品。随着媒体和技术对儿童的影响日益增加，成人

① M是英文mature的缩写，意即成熟、娴熟，M级游戏适合17岁以上的玩家。——译者注

更应该了解和密切关注儿童与此相关的活动。儿童在接触媒体和使用电子产品时会经历什么，收获什么，又会受到哪些影响，都是成人应该关注的问题。我从教师和家长那里经常听到的故事，都说明了媒体和技术不仅影响儿童的外在表现，更影响其思考、行为、兴趣及人际关系。

在媒体泛滥的世界中成长

虽然不是接触所有的媒体都会产生预期的结果，但我们需要更多的研究来系统地记录媒体的影响。之前的例子阐明，作为一名致力于促进儿童福祉的教育工作者，我们必须更多地了解使用媒体的影响，以及如何在上述情况下，以有效的方式来应对儿童使用媒体的情况。在全美幼教协会的道德行为准则中提到："最重要的是，我们不应伤害儿童。"（NAEYC，2011，p. 3）在当今的媒体文化中，我们需要认真对待自身的角色和责任，了解儿童接触什么，了解其如何影响儿童，以及我们能做些什么来促进儿童的最佳发展和学习。本书的第二部分将为你提供许多实用的想法和策略，但我们需要先看看媒体和技术给儿童的生活带来的影响。

自从 20 世纪 50 年代以来，电视走进千家万户，它对儿童的影响一直是值得研究和充满争论的。每向消费者提供一种新型的屏幕设备，我们关于其对儿童产生影响的理解以及不同的观点会持续发展。至少部分发展是由于快速变化的技术环境，了解每种新产品的影响所需的研究，总是远远落后于产品融入儿童生活的速度。不同于其他政府努力保护儿童免受潜在有害产品（比如酒精）推出和销售的侵害，我们对可能影响儿童生活的新技术设备缺乏监督和管理。

> 有关现有媒体法规及其局限性的详细描述，请参阅乔丹的作品（Jordan，2008）。无商业化童年运动组织的官方网站上详细介绍了许多政府机构未能制定和执行保护儿童免受媒体问题影响的法规案例。

专栏 1.1

美国最高法院：没有关于向儿童出售暴力电子游戏的规定

2011 年 6 月 6 日，美国最高法院基于美国宪法第一修正案，废除了加利福尼亚州的一项禁止向儿童出售和出租暴力电子游戏的法律（Liptak，2011）。虽然这样的法律不会阻止年龄较大的儿童和成人向年龄较小的儿童展示此类游戏，但它将有力地说明社会在保护幼儿免受媒体暴力方面的作用和责任。

儿童生活中的媒体

有依赖的儿童

如今，许多儿童成长在一个与媒体文化有关的环境中。自出生后，他们生活的方方面面都与媒体有关。尽管美国儿科学会建议，2 岁以下的儿童每天不能看屏幕，年龄稍大的儿童每天看屏幕的时间不要超过 2 小时，但 3 个月大的婴儿中仍有 40% 是屏幕媒体的固定观众（Zimmerman，Christakis，& Meltzoff，2007）。这个百分比在此次调查后很可能有所增加。30% 的 1 岁或不到 1 岁的婴儿的卧室里，摆放着一台电视，而 2 岁以下儿童看电视和视频的时间是他们读书时间的两倍（Rideout，2011）。面向儿童的电子产品持续激增，部分原因是制造商经常发布未经证实的广告，导致许多家长相信这类产品对孩子的发展有益（例如，请参阅关于无商业化童年运动组织的内容）。就在本书即将出版之际，我发现了一种带内置支架和平板电脑的坐便器，它能让儿童坐在坐便器上学习各种技能（Crisp，2013）。然而，越来越多的证据表明，儿童在年龄较小时使用屏幕会产生负面影响。

虽然新兴的媒体形式变得普遍，但是电视仍然是儿童（尤其是低收入家庭中的孩子）耗时最多的科技产品（Gutnick et al.，2011）。随着儿童年龄的增长，他们在屏幕媒体上花费的时间会增多，尽管关于儿童接触屏幕时间的研究结果并不总是一致。一项研究发现，2—4 岁儿童平均接触屏幕的时间超过 2 小时（Rideout，2011）。另一项研究发现，2—5 岁儿童每周在屏幕上花费的时间超过 32 小时（McDonough，2009）。对许多儿童来说，除去睡觉，这比他们花费在其他活动上的时间更多，甚至可能比他们在学校里花费的时间更多。研究表明，使用屏幕可能会形成习惯：儿童接触屏幕的时间越长，他们就会越依赖屏幕，并且随着年龄的增长，他们越拒绝远离这些设备（Christakis & Zimmerman，2006）。

专栏 1.2

媒体和少数族裔儿童

2011 年，美国西北大学媒体与人类发展中心发布了一份报告（Rideout，Lauricella，& Wartella），记录了媒体和技术如何在少数族裔儿童的生活中发挥巨大的作用。报告中有两个发现，少数族裔家庭中的孩子更有可能：①家里一直开着电视；②在电视机前吃饭。

应对媒体产生的影响不仅是某一个家庭的责任，幼儿教师也应该发挥重要的作用。当你开始结合本书中的内容，与家长围绕媒体和技术的话题进行交流时，你可以帮助他们理解媒体如何影响自己的孩子，并鼓励他们在家里开展其他活动。你也要意识到，家长和孩子之间可以分享很多活动，而且你可以在相关方面帮助他们。当家长和孩子互动时，不管有没有电子产品，家长都能更好地了解他们的孩子在学习什么，以及他们如何影响孩子的学习。

有依赖的儿童在屏幕上看什么

虽然儿童在屏幕上看到的并非都是令人担忧的内容，但其中的大部分内容都是值得关注的。例如，儿童在媒体上看到许多关于性别、种族和阶级的刻板印象，尤其是电视节目和电影中传达了很多信息，比如人们应该长什么样，他们如何对待彼此，以及他们如何解决冲突（Children Now，2012；

Linn & Poussaint，1999；Sun & Picker，2001）。这些描述往往不能准确地反映出成人希望儿童模仿和学习的东西。

> 当家长与孩子互动时，无论有没有技术，家长都能更好地了解孩子在学习什么。

再看看媒体暴力。到18岁时，一个美国孩子将在电视上看超过20万起暴力行为，包括超过16000起谋杀案。儿童电视节目（尤其是动画），每小时就会出现多达20起暴力行为（Beresin，2010）。有太多的暴力内容出现在娱乐节目中。

暴力内容也出现在其他媒介中，以电子游戏为例，它可以出现在游戏机、计算机、智能手机、平板电脑和笔记本电脑上。根据路透社报道（Factbox，2011），仅电子游戏的全球市场价值就高达650亿美元。大部分的电子游戏，尤其是最畅销的电子游戏，都是暴力游戏，而且暴力内容愈发生动逼真。当儿童通过玩这类电子游戏，积极“参与”暴力时，其对儿童的负面影响可能比儿童被动地观看屏幕上的暴力行为更大（Anderson，2003）。2011年，美国最高法院裁决，法律不能禁止企业向儿童销售此类游戏（Liptak，2011）——即使这些游戏是面向年龄较大儿童或成人的——因此，这些情况让家长更难保护儿童免受暴力电子游戏的影响，尤其是这些游戏在年龄较大的儿童群体中越来越流行。很多学前班和一年级教师告诉我，他们对儿童讨论暴力电子游戏很担心。儿童的家长也告诉我，当他们的孩子到哥哥或姐姐家时，他们的孩子会接触带有暴力的或在其他方面有不适宜内容的电子游戏。

除了娱乐媒体中的暴力外，许多儿童也会从新闻报道中看到和听到真实的暴力事件。当儿童坐在车上时，广播会播报许多新闻；当一家人在一起吃饭时，电视也会报道这些新闻。当暴力事件发生时，比如2012年12月康涅狄格州纽敦市小学校园枪击惨案，即使是那些非常希望可以保护儿童免在新闻中看到暴力内容的家长也表示，他们在消除暴力新闻所带来的影响时感到非常无助。

大量针对儿童的营销是通过媒体进行的。根据美国联邦贸易委员会于

2007 年发布的报告，2—11 岁儿童一年在电视上会看到超过 25000 个广告（Holt et al.）。这个数字不包括互联网、智能手机、平板电脑和计算机上的应用程序、电子游戏，甚至校车和学校里其他媒体投放的越来越多的广告（Campaign for a Commercial-Free Childhood，2013b；Levin & Asquith，2013）。比如，有九个州允许在校车外部投放广告，其他州允许在校车内部投放广告（Campaign for a Commercial-Free Childhood，2013b）。

> 有关儿童营销的更多事实和数据（包括与媒体相关的玩具营销），请访问无商业化童年运动组织的网站。

上述数字还没有包括成千上万的与儿童电视节目、电影和其他媒体有关的玩具和产品。几乎每个主流儿童媒体节目都有一系列的特许商品，包括食物、玩具、服饰和配件。即使是公共电视节目，也是如此。在 2012 年的上半年，媒体许可的玩具在玩具业占比为 27%，年销售额约为 212 亿美元（Toy Industry Association，2012，2013）。当玩具销售数据相对持平或略微下降时，很多传统玩具（例如积木和黏土）都选择与媒体合作（Zimmerman，2012）。当我撰写这本书时，很多玩具店的网站上列出了许多建筑玩具，都与最受欢迎的电视节目和电影相关。

美国凯撒家庭基金会的一份报告（2007）指出，尽管人们对儿童肥胖的担忧仍在持续增长，但是饮食行业每年仍花费 20 亿美元向儿童市场推销食品。儿童每年会看到约 4000 条广告，大多数广告都是在电视上看到的。儿童看到的 81% 的食品广告涉及糖果、糖衣麦片、快餐和汽水。这些食品都与儿童的营养不良和肥胖有关（Harris et al.，2009）。（有关儿童食品营销的更多信息，请参见无商业化童年运动组织和美国公共利益科学中心的相关内容。）

正如我们将在第二部分中讨论的内容，教师和家长可以通过做一些事情，来抵制儿童经常通过媒体接触的暴力和刻板印象。（专栏 1.3 提供了一些初步建议。本书的第二部分和第三部分将更全面地探讨这些建议和其他建议。）

行动策略 专栏 1.3

媒体对儿童的影响

信息

- 获得专栏 1.4 中的信息并与他人分享。
- 添加你在新闻中阅读或听到的最新的研究事实。

反思问题

- 班上的儿童在生活中如何受到媒体的影响?
- 班上的儿童和他们的家长如何看待媒体对其生活的影响?
- 如何以最佳方式向家长提供我了解的有关媒体对孩子产生影响的信息?

建议策略或与儿童和家长的互动

- 与儿童举行一次班级会议,讨论你在他们的游戏中注意到了什么。
- 在家长会上,将专栏 1.4 中的信息传达给家长,并引导关于媒体和儿童的讨论。客观地描述儿童在教室里的游戏。与家长分享他们可以用来解决这个问题的信息和策略(有关策略的更多信息,请参见第十章)。

屏幕,无所不在的屏幕

无论是在家里还是在家外,屏幕越来越频繁地出现在儿童的日常活动中。儿童除了可以在餐馆、购物中心、机场等公共场所的电视屏幕上看到各种各样的内容外,还可以通过掌上设备进行观看——有些设备是专为儿童设计的,有些是为成人设计的。儿童通过使用这些设备获取内容,包括声称可以教字母表等的应用程序,可以随时下载的电影,以及专门为儿童设计的在线虚拟社区游戏,这些虚拟社区通常与电视节目、电影和玩具相关。

我越来越多地看到,在餐馆、机场里,甚至在街上散步时,各个年龄段的家庭成员都盯着自己的手机屏幕,而不是彼此交谈。这样的行为减少了儿童与他人交流,以及与真实世界互动的时间。当我们观察到媒体和屏幕对儿童生活的影响时，我们需要思考过去儿童经常做的或不经常做的典型活动。我们需要知道儿童投入时间的变化如何影响他们的发展和学习，因此，在与儿童的交流中我们应该运用好这些信息。

最终，当儿童关掉屏幕和游戏时，他们的玩具往往与特定的媒体相关。也就是说，玩具是儿童在屏幕上看到的东西的直接复制品。这些玩具都是电子的，有按键或闪烁的灯；或者附带一个特殊代码，让孩子们可以访问网站。因此，即使儿童离开有屏幕的设备，这些玩具也能让他们与屏幕体验，以及他人提供的二手内容建立联系。这为电子屏幕如何有助于儿童学习和游戏提供了更多的案例。

与媒体联结（与直接经验分离）的影响

在一周的假期结束后，一位教师与班上的 6 岁和 7 岁儿童一起举行了小组会议。当她要求孩子们分享自己在假期里最喜欢的活动时，所有的孩子都提到了媒体活动。对于男孩来说，就是玩电子游戏，通常是暴力游戏。对于女孩来说，主要是看受欢迎的当红女演员。当教师问孩子们如果在假期里不使用屏幕，那么他们会做什么时，孩子们茫然地看着她。

> 有关儿童电视节目和促进早期识字的研究结果的讨论，请参阅摩西的相关研究（Moses, 2009）。

如前所述，媒体文化教给儿童的很多东西，并不是家长会选择让其孩子学习的东西，也不是关于儿童发展的知识表明儿童获得最佳发展和学习所需的东西。越来越多的研究有助于我们理解很多媒体如何以及为什么不能通过测试。一方面，有一些研究着眼于帮助儿童以具有发展适宜性的方式学习和娱乐。最早的一项相关研究的研究对象是《罗杰斯先生的邻居》（*Mister Rogers' Neighborhood*），该电视节目在 21 世纪初结束制作。该节目主要针对 2—5 岁儿童，有助于他们了解自己和周围的世界。研究发现，它确实能够促进儿童做出积极的社会行为（Carnegie Corporation of New York，1996）。在写这本书的时候，《罗杰斯先生的邻居》的衍生剧《老虎丹尼尔的邻居们》（*Daniel Tiger's Neighborhood*）已经面世。虽然这个新节目已经制作成动画，但制片人声称其策略、目标和价值观与原节目相似。

另一方面，有大量的研究表明，许多针对儿童的屏幕媒体会破坏甚至伤害他们的发展和行为。实际上，根据我们目前对儿童使用媒体的了解，儿科医生维克多 · 斯特拉斯伯格（Victor Strasburger）声称："媒体对儿童和青少年的影响，几乎是所有的父母和儿科医生都担忧的。"（2009，p. 665）专栏 1.4 总结了令人担忧的关键领域。

专栏 1.4

媒体对儿童影响的研究热点

1. 儿童在早期使用屏幕的时间越多，他们越倾向于在长大后反对关闭屏幕（Christakis & Zimmerman，2006）。

2. 学步儿对屏幕的使用与其后期的以下问题有关：①数学和学业成绩较低；②身体活动减少；③过度肥胖。

3. 3 岁以下儿童的屏幕时间与不规律的睡眠模式以及延迟的语言习得有关。

4. 儿童早期屏幕接触的增加与下列因素有关：①更高水平的攻击性；②睡眠障碍；③体重问题；④注意力集中时间更短。

5. 每天有 2 小时或更多的屏幕时间的儿童，往往会表现出更多的心理问题，例如：①多动症；②情绪和行为问题；③与同龄人交往困难。

6. 媒体暴力可能导致：①攻击性行为；②对暴力的脱敏；③噩梦；④害怕受到伤害（American Academy of Pediatrics，2009）。

7. 儿童花在屏幕上的时间越多，他们花在创造性游戏上的时间就越少。而创造性游戏是他们以后学习、建设性地解决问题和培养创造力的关键基础。

（注：除非另有说明，否则此专栏中的事实来自无商业化童年运动组织。）

共同的责任和行动的号召

管控儿童的屏幕时间，以及规避媒体、媒体暴力和媒体文化对儿童的消极影响，大多是家长的责任。如果媒体与玩具产业、政府官员、政策制定者、教师都告诉家长——要限制并对儿童使用媒体和技术说“不”，那么管控儿童的屏幕时间就不会有问题。但这只是理想，与当下事实不符。1984年，美国政府解除了对儿童销售的管制，企业首次可以通过电视节目向儿童营销产品。多年来，我的研究表明，1984年后，“放养式”教育面临许多挑战，但“圈养式”教育就不会面临这些挑战，这与儿童在屏幕上看到的内容以及在关掉屏幕后他们如何进行游戏有关。从那以后，这些挑战只会继续升级。

现如今，许多儿童的家长都是“第一代接受放养式教育的孩子”。当政府对儿童电视和儿童营销放松管控时，正处于童年早期的儿童日益受到屏幕生活的影响——无论是观看屏幕，还是接触与屏幕相关的产品。现在，很多教师在相似的环境中长大。这些教师和家长正在抚养和教育“第二代接受放养式教育的孩子”，让孩子们与屏幕和媒体文化紧密相连似乎很正常。

与此同时，我与很多儿童的家长一起工作，他们说自己非常努力地承担着儿童保护者和管控者的角色。这些家长时常告诉我，他们的努力确有成效。但他们也会面对很多问题，比如在家里，孩子不断地唠叨着要看或偷偷地看那些父母禁止的内容。很多家长也表示，他们在努力严格控制孩子接触屏幕的时间。但是，屏幕已经逐渐渗透到儿童的生活中，导致家长认为屏幕已经成为一股主导力量。此外，尽管他们做了最大的努力，但他们的作用往往很有限，因为儿童经常在亲朋好友的家里，在超市、餐馆、购物中心里，接触家庭以外的媒体节目和产品。专栏1.5描述了一位家长分享的孩子意外接触媒体的经历，以及一些值得反思的问题。我们迫切需要更多的研究（特别是纵向研究），进而研究各种育儿和教学策略，以应对媒体文化和技术的影响。

专栏 1.5

童星如何进入 5 岁孩子的生活

发生了什么?

5 岁的阿什莉兴奋地告诉母亲，她知道《汉娜 · 蒙塔娜》(*Hannah Montana*)[①]。母亲问她是怎么知道的，因为母亲一直小心翼翼地不让她看节目。阿什莉说，是 11 岁的哥哥艾丹和她一起看的，但她补充说:“是偷偷摸摸看的，妈妈。这是秘密!”

你会怎么做?

- 如果这发生在你的家人身上……
- 如果你班上的一个孩子告诉你这个秘密……
- 如果家长告诉你这种情况并询问他应该怎么做……

母亲做了什么?

母亲保持冷静，问阿什莉对汉娜的看法。阿什莉说她认为汉娜很漂亮，但“不是很好”。母亲问:“汉娜做了什么不好的事?”阿什莉说:“她把蓝色油漆泼在朋友的身上，真是太卑鄙了!”这位母亲说，她也这么认为，并告诉阿什莉，这就是全家人不看节目的原因之一。母亲接着对阿什莉说，艾丹不应该让她看节目，并且提出一个建议，那就是以后不再观看该节目。阿什莉也同意这一观点。尽管她的朋友杰茜和卡拉看过，但她认为自己不应该再看这个节目。

想一想这件事

- 你对这位母亲处理这种情况的方式有什么反应?
- 你认为她为什么这样做?
- 你有什么补充建议或不同的做法吗?

---

① 一部青少年情景喜剧，主人公是一位有双重身份的女孩麦莉 · 斯图尔特 (Miley Stewart)，她乍看之下是一个普通的中学生，但另一个身份其实是风靡全美的偶像明星“汉娜 · 蒙塔娜”(Hannah Montana)。——译者注

面对媒体和商业文化对儿童的影响，家长和教师不是仅有的与其对抗的人群。正如你将在后面的章节中看到的那样，社会缺乏以研究为基础的、面向儿童的、积极的媒体环境，而积极的媒体环境才能有助于家长和教师促进儿童的健康发展、学习和行为。在当今的媒体环境中，儿童每天都会在教室、校园、家庭和更广泛的社区里学习（和不学习），这为每个人都带来了特殊的挑战。

> 本书将帮助你采取行动，为所有儿童消除消极因素，促进积极因素。

关于媒体的哪些方面适合或不适合儿童，以及谁负责帮助儿童明智地使用屏幕的争论仍在继续。儿童在这样的环境中成长，而照顾和教育他们的成人往往难以对儿童生活中的媒体做出明智、有效的决定（Campaign for a Commercial-Free Childhood，Alliance for Childhood，& Teachers Resisting Unhealthy Children's Entertainment，2012）。我们是时候认识到：要抵制媒体对儿童的影响，家长所做的努力正在被破坏！这是一项他们不可能独自完成的工作。现在是所有关心儿童的人搁置谁该为媒体的影响负责的争论，并采取行动的时候了。

我希望本书能帮助你制定采取行动所需的框架和战略，以便采取行动，有效地帮助在当今世界中成长的儿童——与孩子们携手走出消极影响，推动积极影响。本书会帮助你与家长和同事展开合作：

- 对儿童在家庭和学校生活中面对的屏幕媒体做出明智的决定；
- 基于媒体控制的现实，调整课堂实践的内容；
- 消除媒体对儿童发展和学习过程、内容的潜在危害；
- 敦促社会变革，创造有益于儿童健康发展的媒体环境。

第二章

困在电子屏幕里的儿童：发展前景

一家人正在吃早餐，收音机里传来一则关于美国轰炸另一个国家的报道。6 岁的布赖恩突然跳了起来并说道："我真希望恐龙战队[①]能来帮忙！"妈妈提醒布赖恩，恐龙战队是虚构的。他回答道："我知道。但他们可以脱下恐龙战队的衣服，然后加入战斗。"

4 岁的罗丝玛丽立刻插话道："是的，但他们最好和佐德一起。他们肯定能让恐龙战队变得更强大。"

两个孩子开始在厨房里蹦蹦跳跳，假装自己是恐龙战队的成员，用空手道招式互劈对方。在他们的父母要求他们停止时，罗丝玛丽被布赖恩的一个空手道招式夹住了手臂，痛得泪流满面。

儿童结合媒体和现实生活中的经验缓慢构建自己的世界观。他们不会被动地吸收外界信息和观点。他们会把所见所闻转化成对自己来说具有独特意义的东西。他们所赋予的新意义建立在自身已有经历的基础上。每个孩子的思维都是独特的——即使两个孩子有相似的经历，他们也不会用完全相同的方式定义事物。

布赖恩和罗丝玛丽在收音机里听到轰炸的消息后，他们的谈话说明了这

① 《恐龙战队》中的主要角色，讲述了一群穿着特殊盔甲、拥有超能力的高中生，与他们的五大机甲佐德，为了拯救世界联合起来作战的故事。——译者注

个过程。他们根据自己所知道的战斗知识（恐龙战队），试图理解他们听到的关于轰炸的信息。比如，罗丝玛丽知道假想的佐德是恐龙战队中最强的武器，因此在任何战争中都需要它们。布赖恩知道恐龙战队很强大，而且他们总是能赢，所以他断定他们需要和“好人”一起战斗（在这种情况下是指美军）。布赖恩推理，一定是恐龙战队的衣服让他们看起来是虚构的，如果他们脱下衣服，那么恐龙战队就会是真实的。对布赖恩和罗丝玛丽来说，他们所认为的虚构和真实，与成人有着完全不同的意义。

尽管所描述的特定事件发生在20世纪90年代，但这些过程仍是孩子们需要经历的，能使他们的经历变得有意义（即使这不是成人所期望的意义）。当他们这样做时，他们会构建新的想法，并在尝试理解下一个全新的体验时借鉴这些想法。这个意义构建的过程，为儿童学习全新且复杂的想法和技能，提供了一种有益的方式。你可以了解儿童在这个过程中思考和学习的内容，这些信息可以指导你在与他们相处时谈论和媒体相关的情况。这些信息也能帮助你找到方法，将儿童学习的东西与他们已经知道的东西联系起来，并且在必要时能帮助你修正儿童可能正在学习的错误内容。

儿童的思维如何影响他们的意义构建

当罗丝玛丽和布赖恩试图理解他们听到的战斗和轰炸新闻时，他们表现出儿童思维中不同于成熟思维的一些特征。基于皮亚杰的认知发展理论，同所有的孩子一样，这些特征影响罗丝玛丽和布赖恩如何依据现实生活和屏幕中的新体验理解和学习。

> 本章中讨论的关于儿童如何思考和建立世界观的许多概念均出自皮亚杰的作品。有关皮亚杰思想的详细内容，请参阅沃兹沃思的研究（Wadsworth，2003）。

- 儿童往往很难完全区分虚构与真实。他们可能会运用从虚构节目中学到的关于好人和坏人、战斗和武器的知识来理解真实的暴力行为。实际上，6岁的布赖恩时常被告知恐龙战队是演员扮演的，但这没有阻止他认定他们是“真正的”士兵。4岁的罗丝玛丽似乎更无法分辨虚构和真实，她设想所有的战士都像恐龙战队一样，并且需要佐德辅助战斗。
- 儿童通常会关注情境下最具戏剧性和具体的内容。他们并没有理解潜在的抽象概念。布赖恩和罗丝玛丽对战斗和武器感兴趣，而不是对战争以及导致它的原因感兴趣。
- 儿童在逻辑上通常不会建立因果关系。他们不会将正在发生的事情与发生的原因或可能的后果联系起来。他们只关注战争的场景和刺激，罗丝玛丽和布赖恩没有考虑此次新闻报道中的两个国家产生矛盾的原因，也没有考虑该事件带来的灾难和痛苦。
- 儿童往往只关注情境下的某一个方面。他们的思维更像是一系列独立的静态照片，而不是一部包含相互关联的事件的电影。他们不考虑整体情况以及事件之间的关系。这有助于解释为什么儿童很难运用逻辑上的因果关系拼凑出各种情景。
- 儿童通常从对立的角度进行思考。在战斗中，你不是输就是赢。人物有好有坏。恐龙战队明显是“好的”，而与之战斗的人就是“坏的”。再者，在儿童看来，好人做的任何事毫无疑问都是对的，因为他们本身就是好的；坏人做的任何事总是错的，因为他们本身就是坏的。

> 你获得的关于儿童思考和学习的信息，可以指导你如何和他们谈论与媒体相关的情况。

儿童时常难以理解他们在媒体上所见所闻的色情和暴力内容（Brown，Lamb，& Tappan，2009；Levin & Kilbourne，2009）。这可能是因为这些信息令儿童感到震惊和困惑，但它们也可能非常引人注目和突出。

专栏 2.1 中的对话提供了一个例子，说明媒体内容在儿童早期的游戏环境中逐渐浮出水面。它揭示了 5 岁的亨利在家里看完《星球大战》(*Star Wars*) 后的想法。他与教师的交谈说明了儿童思维的许多特征。亨利的看法还说明了，一个儿童对电影独特的理解方式，以及游戏本身如何提供一个强有力的工具，使儿童对荧幕上的内容进行意义构建。教师提出的后续问题既尊重亨利所说的内容，又帮助亨利将他在游戏中的独特想法和行动与自身的思考建立联系。

专栏 2.1

共同解决：亨利对《星球大战》的讨论

对话	解释
教师：你正在用乐高积木做什么？	• 自始至终，教师使用开放式提问或非评判性陈述来了解亨利的想法。
亨利：《星球大战》中装有激光的宇宙飞船。	• 他的回答集中在宇宙飞船最显著和最强大的特征——激光上。
教师：谁使用宇宙飞船？ **亨利**：汉·索洛（Han Solo）和楚巴卡（Chewbacca）。 **教师**：他们用宇宙飞船做什么？	• 教师试图通过对话来了解亨利的所知所想。游戏是加深了解的绝佳机会。
亨利：在太空中飞行。他们自己去（每个人都有一艘宇宙飞船）。	• 他专注于电影的一个突出方面——每个角色都有一艘宇宙飞船。
教师：他们在宇宙飞船上做什么？	• 教师的问题集中于具体的行动，而不是抽象的想法。
亨利：如果坏人走过来，就向他们开枪。	• 他把人分为好人和坏人。
教师：他们用什么射击？	• 她探究他的想法，但没有对这场战斗做出价值判断。

专栏 2.1（续）

对话	解释
亨利：子弹。	• 他专注于一件事——射击，而不是不合逻辑地用激光射击子弹。
教师：然后呢？	• 她用一个开放式问题来进一步了解他在想什么。
亨利：如果子弹击中他们，他们就会爆炸。这些可以收回去（指向可移动的乐高挡板）。	• 他关注的是枪击事件中最突出、最引人注目的事件——“爆炸”，而不是生命的丧失。
教师：坏人做了什么导致好人向他们开枪？	• 她试图让他把注意力集中在因果关系上——他们做了什么坏事。
亨利：他们有可以发射的东西，而且这就是他们发射的地方。	• 他专注于具体的特征，而不是因果关系。
教师：为什么好人要开枪？	• 她再次试图让他关注根本原因。
亨利：把坏人炸飞，因为他们对好人很坏，坏人想杀死好人。	• 他使用二分法和静态思维，认为坏人做坏事是因为他们“卑鄙”和“杀人”。
教师：你知道他们为什么要杀好人吗？	• 她试图找出潜在的因果关系。
亨利：因为他们不在好人队中。	• 他仍然专注于一件事（好的和坏的）。他在二分法中加入了“团队”；“杀戮”与现实世界的意义或影响无关。
教师：哦，所以有两个队？好人队和坏人队？	• 她把他的想法复述给他，看他能否进一步思考。
亨利：是的，达斯·维德（Darth Vader）在黑暗面，卢克·天行者（Luke Skywalker）在光明面。	• 他继续只关注好和坏，并使用具体有形的信息来进一步界定他的二分法。
教师：通过他们衣服的颜色，你就能知道他们是哪个队的吗？	• 她想弄清他的想法。

专栏 2.1（续）

对话	解释
亨利：唔，不……我知道，是因为我的朋友保罗告诉我的。他有很多《星球大战》的玩具，他告诉我谁在黑暗面，一些达斯・维德的奴隶穿着白色的衣服，但他们是坏人。	• 这个问题让他有点困惑，他无法专注于战斗。他试图理解朋友的信息，但仍专注于具体问题。他对于好人和坏人都可以穿白色衣服的问题也存在困惑。

亨利和教师之间的对话表明了亨利的思维特点，也证实了教师试图更好地理解他的思维，并延伸他提出的一些想法。当成人像这位教师一样提问，而不是评判儿童的言行时，孩子们常常会为此感到惊讶。当你读到这个对话时，请结合你和儿童游戏的经历，这些经历能够提供类似的机会，让你深入了解儿童对媒体经历的理解。

运用所知的关于儿童思考和意义建构的知识

当你试图理解儿童在媒体经历中构建的想法和概念时，请运用以下技巧。

- 遵循一个缓慢的、复杂的、持续的过程。当你帮助儿童理解那些热议的情况时，你谈论的想法要随着儿童的发展和情境的变化而改变。布赖恩的父母在他听到关于轰炸的新闻报道前，就已经告诉他恐龙战队不是真实的，但他仍坚信他们应该加入战斗。当他的母亲强调这些角色只是虚构的时候，他进一步理解为是服装让他们看起来是虚构的。在像成人一样分清电视中的幻想和现实之前，布赖恩仍有很长的路要走。
- 结合儿童的日常生活和经验来推进你要做的事。儿童在实践中学习，这些实践将确保你的教学有一定的影响力。教师将《星球大战》与亨利的乐高作品联系在一起，为他们的讨论提供了一个有意义的焦点。下一步，教师可能会帮助亨利将《星球大战》中的角色做的事情和他自己在生活中做的事情进行对比。比如，她可能会说："如果不玩关于《星际大战》的游戏，你还喜欢用乐高做什么？""我想知道为什么好人和坏人在遇到问题时总要开枪解决。还记得你和杰西对彼此生气的时候吗？你是如何解决问题的？"

➢ 了解儿童对屏幕上看到和经历的事情的看法，以及他们赋予其独特的意义。这有助于你了解和尊重与你朝夕相处的儿童的多元文化背景和个人经历。教师和亨利关于《星球大战》的讨论是一个很好的例子，说明了成人在与儿童相处的过程中怎样以独特和尊重的方式收集所需的信息。

➢ 鼓励儿童说出自己的想法。实际上，很少有情况会完全按照计划进行，也不会产生相同的结果。重要的是，你尝试在儿童想法的基础上，与其一同想出解决方法和结论。亨利的老师不知道关于《星球大战》的问题会走向何方，所以她只能从亨利的回答中寻找线索。她这样做并没有对《星球大战》中的战斗做出价值判断，因为那可能会让亨利觉得说出自己的真实想法是不妥的。

➢ 帮助儿童在已有的知识基础上发展自己的想法。提出问题或介绍观点，可能有助于纠正儿童正在学习的不准确（甚至有害）的内容。布赖恩的母亲在指出恐龙战队是虚构的时候，布赖恩的想法得到了延伸和复杂化。布赖恩以恐龙战队可以脱掉衣服为由反驳母亲。亨利的老师促使亨利开始理解白色的复杂性，它不仅仅是好人的代表色。要避免试图让儿童像成人一样思考，只需要用简单的语言告诉他们成人对媒体的看法即可。要找到一种有意义的方式，将你想让儿童学习的东西与其已知的东西联系起来，帮助他们的思维和行为发生真正的改变。

在本书中，你会发现许多教师努力帮助儿童拓展其对暴力和性等问题的思考的例子。

专栏 2.2

“我想让爸爸得糖尿病！”

这里有一个例子，阐述了儿童如何从媒体文化中构建独特的意义——这次涉及电视营销——这可能会导致混乱和误解。

当班上 4 岁的亚伦以一种非常兴奋的方式，说出他希望自己的爸爸得糖尿病时，一位教师感到非常震惊。

教师向亚伦解释说，只要你的家人都尽量吃健康的食物，就不会有人患糖尿病。亚伦看起来很困惑，说：“但我希望爸爸得糖尿病！这样我们就可以一起吃好吃的蛋糕了！”

教师后来从亚伦的爸爸那里得知，亚伦之所以这样说，这是因为他在电视上看到了一则糖尿病相关产品的广告，其中包括对糖尿病患者友好的“美味”甜点——在他的脑海中，这些可以享用美食的人显然被称为“糖尿病患者”。这一则广告让他相信，必须得“糖尿病”才能吃到美食！

你会怎么做？

- 你对这种情况有何反应？
- 本章中讨论的关于儿童如何思考和学习的想法如何帮助你了解发生的事情？
- 你会做什么和说什么来帮助亚伦消除误解？你会如何帮助亚伦和他的爸爸，以回应他告诉你的事情？
- 你有过哪些与幼儿围绕媒体和技术问题进行思考的经历？

行动策略　　专栏 2.3

儿童如何理解他们看到的媒体

当儿童将媒体内容带入他们的游戏或对话中时，请尝试了解：

- 观察并记录出现的主题——了解他们通过谁、何时以及如何获得这些信息。
- 向儿童提出开放式问题，以了解他们在屏幕上看到的内容、如何理解以及喜欢什么。
- 继续学习。你学得越多，你就越能做好准备，以应对课堂上出现的情况。

有效应对挑战

布赖恩和罗丝玛丽的父母尽最大努力地限制孩子们看电视的次数，以及他们接触其他媒体的次数。虽然这是必不可少的，但成人保护儿童免受媒体伤害的努力还远远不够。很多媒体信息持续传递给儿童，因为它们不仅渗透在儿童观看的屏幕中，还渗透在除家庭以外的日常生活中。因此，儿童仍然需要成人帮助他们理解有关暴力和其他主题的媒体信息。在这个过程中，教师发挥着重要作用，可以最大限度地避免儿童从这些信息中获取负面内容。

仅仅给儿童提供他们在屏幕上看到和学到的信息是不够的。儿童会主动地表达自己的想法，而儿童理解问题的方式通常与成人不同，所以儿童会以自己独特的方式理解你试图教给他们的东西。在帮助儿童理解媒体内容时，请记住这一点。

第三章

近距离观察困在电子屏幕里的儿童：媒体文化如何影响儿童

一位教师正在教 4 岁的贾森如何玩乐透游戏。在教师教他的时候，贾森向教师反复提问了几次，语气越来越激动："在哪里射击？"最后教师告诉他："这个游戏中没有射击。你只需要使用卡牌。"贾森一脸不解，回应道："如果没有射击，怎么才算赢？"在教师的帮助下，贾森终于冷静下来，并兴致勃勃地开始玩游戏。

从上述案例中可以看出，儿童有时会从屏幕媒体中了解世界及其如何运作。实际上，媒体也是一名经常与我们争夺儿童思想和注意力的教师。为了有效把控儿童在使用屏幕时所学的知识，我们需要考虑到媒体文化对大部分儿童的影响，以及对个别儿童的影响。了解媒体文化和技术的全面影响，并制定将其对儿童的负面影响降到最低的策略，我发现将儿童使用屏幕的问题分为两类非常有帮助。

第一类问题关乎儿童的学习内容——儿童从屏幕媒体中学到了什么。他们所学到的东西与真实世界、亲身实践、直接体验有很大的不同。由于媒体及其传播的文化无处不在——在电视节目、电子游戏、计算机和平板电脑的应用程序中，在杂货店和餐馆等日常场所中，在智能手机和平板电脑等设备中——儿童生活的世界里充满了媒体信息。贾森认为战斗是玩家为了赢得游戏而做的事情，这表明他从媒体中学到了一些内容。

第二类问题关乎媒体和媒体文化如何影响儿童的学习方式，即他们与世界互动、学习新概念和新技能的过程。这类问题往往不太受关注，但它与第一类问题同样重要。第二章解释了儿童根据自身经历构建意义，媒体文化促使儿童成为困在电子屏幕里的学习者，因为他们不再努力成为掌控自身学习的主体，而是被设定去模仿他们在屏幕上看到的东西（Levin，1998）。贾森的故事说明了媒体如何影响他处理自我世界的过程——他有一个玩游戏的策略，那就是战斗。

正如你将在第二部分中看到的那样，该部分侧重关注教师可以采取哪些措施来抵消电子屏幕对儿童的消极影响，帮助儿童学会控制自己的学习，这要求教师采取兼顾内容和过程的教学策略。

内容问题：媒体文化影响儿童的学习内容

针对儿童媒体的很多批评集中在内容和信息上，涉及儿童是谁，他们应该如何对待彼此，他们应该喜欢什么和不喜欢什么，以及作为一个女孩或男孩意味着什么等。这些信息中的许多内容与我们的教育目标相悖，使我们的工作更加困难。当然，不是所有的媒体都包含负面或刻板的信息，但本章所讨论的那些信息在当今的媒体文化中是普遍存在的。

购买是幸福的源泉

在放松对儿童营销的管制后，日益复杂的营销和媒体产品已经成为儿童发展和教育中的主要力量。由于儿童的思维过程（见第二章），他们特别容易受到剥削性营销信息的影响。比如，当看到广告或基于产品的节目时，他们关注所看到的具体内容，而不是将产品放到一个有意义的背景中（Levin，2009；Linn，2005）。

随着管制的放松，媒体允许以诱人的方式直接向儿童推销。许多儿童开始沉迷于与媒体相关的产品，并想方设法地让他们的父母购买。这种无孔不入的营销手段给许多家庭造成了压力。在学校里，孩子们相互攀比，比较谁拥有最新、最令人羡慕的东西。得到梦寐以求的东西往往会带来短暂的快乐，但当儿童发现那个东西无法满足他们的期许时，他们往往会对它感到厌烦。另外，总会出现更新鲜、更令人向往的东西。这种“我想要”的循环，会使儿童将精力集中于获得他们想要的东西上，而不是投入“我可以做到”的、有意义的活动中。这也可以解释为什么一些儿童经常在丰富的生活中感到无聊。

关于性别、种族和社会经济地位的偏见

儿童从很早就开始认识到人与人之间的不同。这些想法基于他们对周围环境和社会多样性的见闻。

现如今，儿童对性别、种族、特殊需要以及经济与种族多样性的许多想法，来源于对新闻和娱乐媒体、玩具和流行文化的间接体验，这些都可能造成刻板印象（Levin，2003）。一般来说，在儿童看到的大部分白人角色中，男性多于女性，中产阶级和上层阶级的角色更多。这些刻板信息通过屏幕传递给儿童，涉及种族问题以及作为某一种族的成员意味着什么，成为富人或穷人意味着什么，消费主义的作用是什么，以及男性或女性意味着什么。由于儿童思维方式的不同——例如，一次只关注一个方面——他们特别容易接受刻板信息。

> 帮助儿童学会掌控自己的学习，解决内容性和过程性问题。

儿童试图理解其性别角色的一个重要方式是，通过观察周围的世界，看看女孩和男孩做了什么。在屏幕上，儿童看到的男性和女性角色有截然不同的性别差异。例如，男性通常表现出强壮有力、随时准备战斗的形象，而女性通常表现出重视外表的形象。儿童倾向于关注外在的、明显的、具体的形象，这能帮助他们构建二分

法（对比）思维——也就是说，他们会寻找男孩和女孩间差异的最形象或极端的例子，以弄清什么东西与他们的性别相符，什么东西与他们的性别不相符。

大众媒体的制作人和营销人员往往利用极端的性别划分和刻板印象——男孩使用暴力，女孩强调外表——作为一种营销工具来吸引男孩和女孩的注意力。如果这些定义性别的刻板信息不被儿童从周围人那里看到和听到的信息改变，他们就会形成狭隘的性别定义，从而限制他们充分发挥潜力（Levin & Kilbourne，2009；Martins & Harrison，2012）。

性感的女孩

如今，即使是学龄前儿童也会在媒体和流行文化中接触具有性感的外表、性化的行为和身材过瘦的女性形象。在电视、视频或商场里，学龄前阶段的女孩们看到艺人和卡通人物都穿着短裙和露肚脐的上衣。她们还看到专为她们这个年龄的儿童设计的高跟鞋和化妆包。虽然她们不能完全理解所见所闻，但她们从年龄很小的时候就试图弄清楚这些东西。正如她们所做的那样，媒体会影响她们对自己的身体和女性身份的看法。根据《英国心理学杂志》（*British Journal of Psychology*），3—6 岁的女孩几乎有一半都在担心会变胖（Hayes & Tantleff-Dunn，2010）。发表在美国儿科学会期刊《儿科学》（*Pediatrics*）上的一项研究表明，12 岁以下女孩的饮食失调呈上升趋势（Rosen，2010）。媒体文化影响着儿童想成为什么样子、做什么和穿什么。接触这些媒体文化可能导致一些女孩物化自己和其他女孩，通过外表和穿着评判对方。一些男孩也可能学会评判和物化女孩。

儿童可能会将这种性别化观念带进教室——例如，表演她们在电视上看到的性感舞蹈，或穿着妨碍她们运动的性感服装。5 岁的詹娜在一个特定的教室里举办了都由女孩参加的“歌舞青春”主题生日派对后，女孩们趁着户外活动时间，开始在幼儿园的娃娃家里跳“性感舞蹈”。教师和园长决定给家长写一封信，建议他们为女孩举办适合其年龄的生日派对（参见专栏 3.1）。

专栏 3.1

给家长的关于女孩生日派对的信

亲爱的家长：

一些家长询问过我们会为他们的女儿推荐什么样的生日派对。我们推荐适合女孩年龄的派对，包括艺术和手工艺、游戏或体育活动。我们知道，对于女孩来说，越来越多的化妆品和炫眼的派对，通常与当前在媒体和流行文化中盛行的东西有关。但我们敦促您找到一种方法，为女孩提供有趣、适龄的活动。通过这些类型的聚会，让您的女儿参与计划过程通常更容易且值得。

我们不鼓励那些关注青少年和女孩外貌的聚会。此外，需要听听为跳舞而播放的音乐，以确保其主题和用词适合幼儿的年龄。

最后，我们希望家长仔细考虑生日主题和相关活动向他们的女儿及其朋友传达的信息。我们希望所有的女孩都能享受她们特殊的生日，并相信她们的家长和朋友有很多机会以不影响学校生活的方式进行庆祝。当聚会包括女孩在学校里的朋友时，我们需要尊重社区的多样性、学校教育中固有的核心价值观以及幼儿的发展水平。我们很乐意回答您可能对这封信或您女儿的生日派对的问题。

谨上

当年轻女孩看到女性以极具性别化的方式展现出来时，她们对自己作为女性的理解和判断，会严重影响她们对自己的外表、购买的东西以及同伴的认知（Dohnt & Tiggemann，2006）。此外，媒体所描绘的理想女性具备过瘦的身材，导致年轻女孩不惜牺牲自己的身体健康，只为达到理想身材。甚至有家长告诉我，他们的 3 岁女儿要节食。

强硬的男孩

媒体文化经常向男孩传达一种信息，即好斗对男孩来说是正常的。男孩应该是强硬的，准备战斗并完全自立的。节目、电影、电子游戏将与其相关的玩具多次推销给男孩，致使暴力一次又一次地被认为是一种可接受的（甚至是令人向往的）解决问题和感受强大的方式（Manganello & Taylor，2009）。

男孩们没有感受到其所处环境的有意义影响，以及与环境中的人发展关系带来的真正力量，反而经常接触他们效仿的媒体暴力带来的伪力量。因此，男孩们认为自己必须是强硬的，要切断对他人的同情心，而这种同情心的发展是建立彼此赋能关系的前提。"宁愿受伤，不要帮助"和"要坚强，不向他人求助"的刻板印象，渗透到这种男性文化中。虽然这种类型的信息早已存在，但如今针对年龄越来越小的男孩的媒体信息对他们将产生巨大的影响。

男孩们在屏幕上以及在玩具和其他媒体产品的广告中看到的战斗，令人担忧。这解释了自政府放松媒体管制以来，许多教师向我描述的男孩对战争游戏的痴迷现象，因为暴力在当时成为向男孩进行推销的一个常用主题。研究表明，观看大量暴力娱乐的儿童更有可能将暴力视为解决冲突的有效方式，会对现实生活中的暴力麻木不仁，并形成世界是一个充满暴力和卑鄙之地的观念（Huesmann，Dubow，& Yang，2013）。此外，与没有接触过暴力节目的儿童相比，年幼时便接触暴力节目的儿童在日后的生活中具有更高的暴力和攻击性行为倾向（American Academy of Pediatrics，2009）。

世界是一个危险的地方

儿童最基本的需求之一是安全。虽然有许多儿童生活在现实暴力中，但现在的媒体也向没有生活在暴力中的儿童展现一个充满危险的世界——在那里会有坏事发生，那里的人会做可怕的事情，在那里你需要自我保护。当儿童感到不安全时，他们会努力保护自己免受伤害。然而，安全感促使儿童将他们的精力投入积极正向的成长中——成为一个自主、有能力和有爱心的人，学会对他们的世界产生积极的影响。关于安全感对儿童健康发展的重要性，以及如何促进儿童提高安全感的详细讨论，参见莱文（Levin，2003，2010）的研究。

年龄压缩

年龄压缩是媒体人员和营销人员使用的一个术语，用于描述年龄较小的儿童正在做过去年龄较大儿童常做的事情。曾经被视为适合青少年的媒体、玩具、行为和服装，现已深深地融入许多青少年的生活中，并迅速侵占和影响着更年幼儿童的生活。不同年龄段的儿童做什么和穿什么的界限是模糊的，这在屏幕上通常清楚地表现在女孩和妇女着装的相似性上。这些服装是时尚行业面向女孩和妇女推销的产品。

当年龄较小的儿童试图模仿并表现得像年龄较大的儿童时，他们就错失了自己在适当的年龄为未来建立所需基础的时机。此外，他们不能完全明白自己想要模仿的复杂行为，可能会导致有害的经验和教训。

专栏 3.2

学前班里的年龄压缩

以下是一位教师在市区的学前班教室里无意中听到的一些话，这些话说明了年龄压缩的现象（McLaughlin，2009）：

- “昨天放学后，特里纳和谢拉为布兰登吵架了！”
- “我的屁股很性感！”
- “我得到了他的电话号码！”
- “她觉得她比我更有吸引力。”

教师说：“这些话在中学课堂上可能会也可能不会引起人们的注意，但出现在学前班中，确实让我大为震惊。”

削弱成人的支持：青少年过早的叛逆行为

在当前的媒体环境下，儿童需要处理的信息比以往的任何时候都多。在帮助儿童处理信息时，在乎儿童的成人可以发挥至关重要的作用，媒体会削弱儿童向生活中的成人寻求养育和支持的意愿。媒体制作人和营销人员似乎常常在努力削弱成人关心儿童的能力，使其无法发挥这一重要作用。

在媒体（尤其是商业性的儿童电视节目）中，儿童经常看到的是一个“孩子知道什么是最好的”的世界。这些电视节目中的儿童似乎生活在一个没有成人的世界里，他们在那里完全自主。但在成人出现的场合里，他们往往被描绘成无能的傻瓜，被孩子们要得团团转，或者他们会为孩子们想要的东西设置障碍。这可能导致教师和家长经常告诉我的一种现象，即孩子们在年龄较小时就开始挑战成人的权威，开始了他们的青春期叛逆。这些节目里的“明星们”展示了早熟青少年的叛逆行为，通常表现为无视成人和年龄压缩的行为（Barbaro & Earp，2008；Linn，2005）。另外，媒体营销人员会根据对“唠叨因素”（nag factor）的研究，利用广告驱动儿童向他们的父母索要其通常不会选购的产品（Briesch & Bridges，2006；Henry & Borzekowski，2011）。

这些可能导致儿童在进入青春期之前，抗拒成人的引导或反抗父母（和教师）。但在这一阶段中，挑战成人的权威被认为是自我认同过程的重要组成部分。小学生可能会向同龄人和偶像而不是他们的父母和教师寻求建议。这让媒体文化在儿童的生活中发挥更强大的作用，会使儿童的成长陷入更大的风险，导致教育和养育工作变得更加困难。

过程性问题：媒体文化影响儿童的学习方式

> 当儿童沉迷于屏幕时，他们并没有积极地参与到现实世界的活动中。

媒体文化给一些儿童带来的问题，并不仅仅来自他们在屏幕上看到的内容，还来自儿童接触屏幕时参与和没有参与的过程。当儿童沉迷于屏幕时，他们并没有积极地参与到现实世界的活动中；他们没有玩真实的物体，没有探索，没有与周围的人互动；他们也没有参与根据自己的兴趣和需求来调整的（人生）计划。

屏幕经常给儿童呈现一些人物形象和剧本，旨在吸引他们的注意力，告诉他们该做什么，并向他们推销产品。这些对儿童来说非常有吸引力，以至于当他们没有直接参与别人的剧本时，他们并不会借此机会积极参与创造性活动——比如玩开放性游戏、看书或读书，以及创造自己的游戏场景。相反，儿童倾向于玩媒体相关的电子玩具，这些玩具在玩具市场上占主导地位，并且通常是儿童在屏幕上所见形象的逼真复制。这些玩具倾向于“远程操控”儿童的游戏，支持更多的脚本游戏，而不是儿童自主创造的游戏。

当儿童长时间地困在电子屏幕里时，他们很容易与现实世界的实践经验脱节，而这正是他们的心理发展和学习所需的。与在屏幕上看到的刺激相比，儿童自己的想法似乎很无聊。这导致许多儿童更喜欢快节奏和刺激，以及从节目和互动屏幕中获得的即时满足。许多家长告诉我，他们经常发现孩子看屏幕的时间越长，他们似乎想要的东西（甚至需要）越多。

游戏缺失症

游戏对儿童发展和学习的各个方面都至关重要。儿童积极地利用游戏来掌握经验和学习技能，并尝试新的想法和行动。在这个过程中，他们学到了如何发现有趣的问题，以及如何以创造性的方式解决问题。这有助于儿童体会到自己主动解决问题、学习新技能和新想法所带来的成就感。

儿童游戏的方式会影响他们所学的内容。当游戏产生于儿童自身的想象力、经验、能力和需求时，它有可能更充分地满足其社会性、情感和智力需求，并为其以后的学习打下坚实的基础。在儿童解决自己的问题和建立自己的理解时，游戏也会教他们如何学习。当游戏产生于媒体的影响时，儿童的游戏将反映他们所看到的剧本，而不是他们自己的知识和经验或需求。

游戏缺失症：当有机会参与开放性游戏时，孩子们发现创造自己的游戏场景很有挑战性，并且经常说他们很无聊。他们在游戏过程中似乎比过去的孩子们有更多的冲突，这些冲突往往会使游戏在继续发展之前就停止。（注：该术语旨在描述媒体对儿童的影响，而不是用于其他目的的标签。）

欲了解更多关于学业压力的信息以及教师可以做些什么，请访问捍卫早教组织的官方网站。

许多教师（和家长）表示，他们在教室里（或在家里）促进儿童的创造性游戏时会遇到问题。他们观察到，当孩子们有时间开展创造性游戏时，一些孩子经常会抱怨说他们很无聊，并要求看电视、玩电子游戏、玩平板电脑和手机。教师还告诉我，当孩子们玩游戏的时候，他们似乎比过去的孩子存在更多的冲突，而这些冲突往往导致游戏在开始后不久就停止了。我把儿童游戏中的这些变化称为游戏缺失症。

我相信，媒体文化促使当今儿童的游戏发生变化。随着儿童在家里花更多的时间看屏幕，许多儿童玩玩具和参与户外活动的时间有所减少。同样，学校曾经有机会开展开放性游戏，让儿童发展解决问题的能力，了解他们身处的环境，并了解他们的世界。但越来越大的压力迫使教师运用技术来教授学术技能、达到绩效标准，并在儿童低龄时对他们进行学习测试，这些都会减少他们玩游戏的机会。

由于儿童在家里玩与媒体相关的高度逼真的玩具，所以当他们在学校里有时间且有材料玩时，一些儿童难以创造和使用开放性材料来游戏。有些儿童甚至难以提出自己的游戏想法。

不经常参与创造性游戏的儿童，不太可能学会创造性游戏教给他们的重要技能（Levin，2011）。他们很难在游戏中提出自己感兴趣的问题并进行回答，也很难想出如何在游戏中解决问题。他们很少使用游戏策略来解决游戏中出现的问题。当这种情况发生时，学校内外的各种学习所需的基础就会受到损害。此外，由于这些能力被削弱，我们发现儿童的注意力持续时间变短，他们会在活动之间徘徊，并且在自由游戏的过程中难以投入——事实上，这些发现与专栏 3.3 中描述的内容，以及其他教师描述的情景非常相似。

专栏 3.3

一位教师对游戏缺失症的描述

以下是一位幼儿教师的描述，她主要照护 4 岁儿童。近几年来，在她的教室里，孩子们的游戏发生了变化。

“在我的教室里，自由玩耍越来越难了。有些孩子无法应对非结构化的问题。他们在房间里四处游荡，看看这个或摸摸那个，很少长时间参与任何活动。当他们这样做时，通常很快就会产生冲突。我已经停止投放一些更传统的游戏材料，比如黏土。很少有孩子用它玩游戏。他们只是戳戳它，然后继续做其他事情。我计划组织的结构化活动通常很容易。大多数孩子都按照我的指令去做。但当我这样做时，我担心他们没有学到东西。”

问题解决缺失症

难以参与创造性游戏的儿童往往很难自己发现和解决有意义的问题，然而这是促进他们积极建构知识和技能的重要能力。他们似乎存在问题解决缺失症。这些儿童很难成为自己学习的“主人”，也很难参与到真实世界中，例如，想出字母“b”开头的单词或说服另一个孩子分享玩具。他们可能经常说自己很无聊，或者很难深入参与非结构化的、更开放的活动，他们也可能在与他人合作或和平解决冲突时遇到更大的困难。

在被告知该做什么时，具备这些特征的儿童往往做得更好——也就是说，当他们在学校里参加结构化活动或者观看 DVD[①]，以及在家里玩电子游戏时，他们往往表现得很好。他们经常寻求新事物，但一旦得到它们，他们

① 英文全称为 Digital Video Disc，指高密度数字视频光盘。——译者注

问题解决缺失症：当儿童发现深度参与非结构化活动具有挑战性时，他们难以与他人合作游戏，更喜欢结构化活动和被告知要做什么。（注：该术语旨在描述媒体对儿童的影响，而不是用于其他目的的标签。）

同情心缺失症：儿童不太能够接受他人的观点、理解或关心他们的行为如何影响他人，以及体验共情。（注：该术语旨在描述媒体对儿童的影响，而不是用于其他目的的标签。）

就会感到厌倦。许多家长告诉我，接触屏幕的活动似乎是孩子最喜欢做的事情，但许多人并不知道屏幕如何成为孩子生活的重心。

依赖屏幕和媒体相关的剧本会破坏儿童最佳的学习状态，也会阻碍儿童学习解决与他人的冲突和社会问题。从长远来看，我认为它会促使儿童遵循别人的想法，毫无疑问地接受指示。这也可能意味着，儿童会失去自己解决有趣的问题所带来的乐趣和个人成就感。我们非常需要研究和探讨高质量游戏的减少、儿童解决问题能力的降低，以及在儿童低龄时迅速增加的教师教学任务之间的关系（Strauss，2012）。

同情心缺失症

儿童从个人社会经验中学习如何与他人积极互动——例如，他们如何被对待，如何看待和对待他人，以及成人的示范和支持。他们逐渐学会如何与他人和平解决问题，并建立起尊重互让的关系。最重要的是，儿童的童年经历能帮助他们学习这些技能，因为有研究发现，在不进行任何干预的情况下，9 岁前接触暴力媒体内容的儿童，在成年后有可能出现攻击性行为（Eron, Gentry, & Schlegel, 1994; Huesmann et al.，2003）。

屏幕时间占用了儿童学习在现实世界中与

他人互动的时间。这样的经历能即时、直接地反馈在一个人的行为中。当儿童从直接经验中学习积极社会行为的机会变少时，他们可能会被剥夺发展互惠和同情心的机会。

如果加上媒体对暴力、侵略、恶性行为以及性行为、性化和外表的关注，那么儿童社交技能的下降会加剧。媒体文化经常推崇一种刻板印象，即对女孩来说，人际关系的基础是她们的外表和拥有的东西，而不是她们与他人的联系。然而媒体文化教导男孩依据自己的坚强、独立和战斗准备程度来评价自己和他人，而不是通过他们与他人的积极联系来进行评价。在某种意义上，女孩和男孩都被物化。自我和他人的物化使人们更容易刻薄无情地处理人际关系。

人格物化会让儿童在社会性发展方面产生令人不安的差距，即出现同情心缺失症（Levin，2008）。它描述了儿童的行为，即他们不太能接受他人的观点，不能理解或关心自己如何影响他人，也不能共情。这种差距往往会出现专栏 3.4 中描述的情况。这些描述分别来自幼儿教师（执教 6 岁儿童）和三年级教师。

很多教师花了大量的时间来维持教室带给儿童的安全感，并承认比起过去，现在他们会采用更严厉的管教手段和更限制活动的时间。他们还表示，年龄较小的孩子出现了过去年龄较大的孩子才会有的欺凌和戏弄行为（又是一个年龄压缩的例子）。儿童的反社会行为显著增加，因为有些孩子会在操场上打架，导致一些学校取消了课间休息时间（Bornstein，2011）。

研究发现，儿童在 4 岁时看电视的次数与随后的欺凌行为有关（Zimmerman et al.，2005）。由此可以得出一个结论，儿童早期在家庭环境中接触电视，对其小学阶段的欺凌行为有显著影响。自那项研究以来，随着儿童对屏幕的接触不断增加，我们需要新的研究来探究屏幕对儿童欺凌行为的影响及原因。会不会是因为儿童花在屏幕上的时间较多，导致他们与他人的接触更少，所以很难发展其所需的社会技能来了解自己的行为对他人的影响？

专栏 3.4

关于儿童缺乏同情心的两个观察

教师 1："我发现我要花越来越多的时间才能帮助儿童解决纠纷。许多儿童的技能似乎不如我 15 年前执教的孩子。更多的孩子在无法如愿时会伤害其他孩子，或者试图通过欺凌来获得他们想要的东西。我一直告诉他们'用语言，而不是拳头'，但这通常就像对着墙说话一样。我认为有些孩子真的被发生的事情吓坏了。"

教师 2："我已经连续 4 年在波士顿公立学校教三年级了，我目睹了学生行为和互动方式的巨大变化。学生们不知道如何相互联系，没有任何同情心，缺乏解决问题或妥协的能力。学生对可能不'适应'或'正常'的学生零容忍。"

你会怎么做？

想想如果你是教师，你会如何处理这些情况。本书第二部分的内容将帮助你解决这些问题。

当然，还有其他社会和个人因素，正在影响儿童的同理心和人际交往技能的发展。然而，无论原因是什么，我们都需要有意识地帮助儿童发展良好且积极的社交技能，同时富有同情心，就像我们帮助他们学习身体或认知技能一样。本书的第二部分将概述应对媒体文化对儿童影响的策略，包括在教室里发展师生关系、同伴关系和培养儿童的媒体素养。

文化冲突

当我逐渐发现并理解新技术如何以复杂的方式影响儿童的发展和学习时，我常常觉得儿童似乎在两种独立的、互不相干的文化中成长。一种文化充满了教师和家长想灌输给儿童的态度、价值观和行为——我们认为儿童需要学习这些东西，才能成长为一个富有爱心、成就感和奉献精神的社会成员。我将这种文化称为家庭－学校－社会文化。另一种文化则充满了儿童通过媒体接触的信息，其中很多都是本章前面概述的令人担忧的内容、态度和价值观等。我发现，将这两种文化视作儿童头脑中两个互不相干的体系，有助于我们理解概念（见图 3.1）。对许多儿童来说，这两个体系及其中的信息是矛盾的。

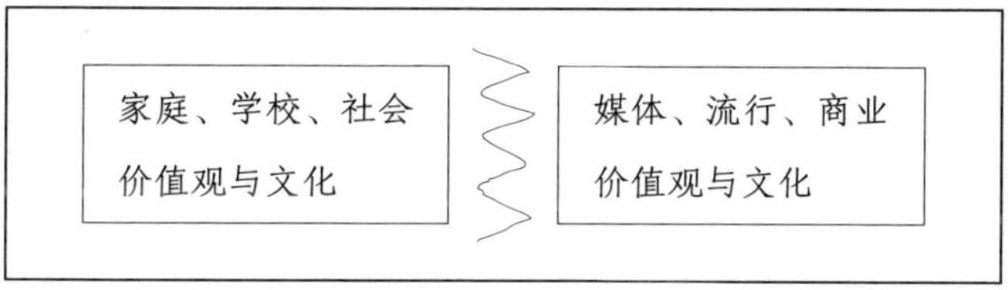

图 3.1　文化冲突

随着媒体负面影响的逐渐增加，媒体文化的影响越来越大，而家庭－学校－社会文化的影响就会变得越来越小。由于儿童思维方式的局限，他们很难将两个体系中的内容相联系或整合成一个整体，并根据形势需求在两个体系之间不断转换。毫无疑问，当照护和教育儿童的成人在家庭－学校－社会文化的体系中运作时，儿童却在媒体文化的体系中运作，因此双方很容易发生冲突。

解救困在电子屏幕里的儿童

如今媒体普遍泛滥的环境令人担忧，我们需要知道，媒体在儿童的生活中能否发挥积极作用。我坚信答案取决于：①我们能在多大程度上找到对本章描述的内容和过程没有作用的媒体；②成人如何帮助儿童思考、使用和规范生活中的媒体。换句话说，我们需要找到那些与家庭－学校－社会文化体系相关的内容，而不是媒体文化体系中的内容。

专栏 3.5 说明了什么是适宜和不适宜的媒体信息，以及每种媒体信息与儿童的关键发展需要之间的关系。你也可以利用这些信息来确认儿童可能接触哪一类媒体信息。

专栏 3.5

评估儿童生活中媒体的发展框架

探索一些在你的机构中最受儿童欢迎的媒体和屏幕活动，并尝试弄清楚你所看到的内容如何符合以下发展框架。

关键发展需要	不适宜的媒体信息	适宜的媒体信息
建立信任和安全感	世界是危险的；敌人无处不在；需要武器和战斗才能感到安全。	许多人可以信任并会帮助你；安全性和可预测性可以得到保证。
培养自主和合作能力	自主等同于身体和口头上的战斗。合作等同于无助、软弱和利他主义。	你可以做一些积极的事情来满足你的需要。提供其他人如何帮助你，以及你如何帮助他们的具体示例。
建立性别认同	描绘夸张、僵化的性别划分和行为。男孩很坚强，准备战斗，拯救世界。女孩漂亮、性感，需要合适的身材和衣服。	描绘具有广泛行为、兴趣和技能的复杂角色。男孩和女孩之间有共同点，并且二者可以做的事情有重叠。
学会欣赏人与人之间的异同	描绘种族、民族和阶级的刻板印象和丧失人性的敌人。多样性是不可取的，甚至是危险的。对不同的人施暴是可以的。	这里有不同的人才、技能和需求，他们相互尊重，和平解决问题，丰富彼此的生活。

专栏 3.5（续）

关键发展需要	不适宜的媒体信息	适宜的媒体信息
建立道德和社会责任的基础	刻画单维度的人，要么全好，要么全坏。暴力是解决问题的方法。输或赢是唯一可能的结果。坏人应该受到伤害。	描绘复杂的人物，他们对他人负责任和有道德，表现出善良和尊重，能够解决道德问题，并考虑他人的观点和需求。
以儿童构建的、适合年龄的、创造性的方式游戏	游戏内容不符合儿童的经验或理解水平。玩具和材料促进模仿，而不是创造性游戏。游戏时间渐渐减少。	儿童可以将有意义的内容融入游戏，这些内容符合其发展水平和需求。表演与现实玩具无关，因此儿童可以用开放性材料创造独特的游戏。
有意义地发现问题和解决问题	展示一系列快节奏的行动和解决方案，几乎没有机会看到现实世界问题中的因果关系。	展示有意义地发现问题和解决问题的例子，包括在现实世界中解决有趣问题的想法。
从个人掌控和成就中获得深刻的满足	传达购买和得到正确的东西，会带来快乐、活力和成功的概念。一个人需要精力发现正确的事情，并试图获得它们。	传达出世界上有许多挑战需要攻克，使用已知的东西来创造新事物的感觉很好的概念。
接触具有年龄适宜性的活动和内容	努力成为青少年，参与青少年活动。尽快长大，而不是当小孩子。	当一个孩子，做具体的动手活动，可以获得乐趣和满足感。
将关心儿童的成人视为帮助和指导的宝贵来源	孩子们知道什么是最好的。你不需要成人的帮助。成人往往会妨碍你做让你快乐的事。	成人和儿童都表现出关怀并相互联系。成人会帮助你满足自己的需求，并在你遇到问题时给予帮助。

专栏 3.5（续）

关键发展需要	不适宜的媒体信息	适宜的媒体信息
学会欣赏和享受现实生活中缓慢而稳定的节奏	行动的节奏很快。即时满足和解决方案，与现实世界的努力无关。	情境与现实生活息息相关，更贴近实际生活的节奏。通过有意义的努力，可以逐渐取得成果。
改编自：D. Levin and N. Carlsson-Paige, “Developmentally Appropriate Television: Putting Children First,” *Young Children* 49 (July 1994): 38–44.		

在理想情况下，为了帮助儿童摆脱电子屏幕的操控，我们需要寻找媒体和屏幕活动，帮助儿童积极地解决有助于其发展社会性、情感和智力的基本问题（即家庭－学校－社会文化体系中的有益问题），避免媒体破坏发展的问题（即媒体文化体系中的有害问题）。

当我们找不到理想的方法时，问题就变成了：成人是否有办法帮助儿童将媒体课程（不利于儿童发展和学习的课程），转化为支持儿童发展和学习的课程？如果答案是肯定的，那么经验可能是合适的。如果答案是否定的，那么在可以调控的范围内，我们应该尽量不让儿童接触相关事物。正如本书的第二部分将解释的那样，如果儿童无论如何都能接触媒体，那么我们可以做很多事情来抵消其潜在的负面影响。

本书的其余章节将帮助你更有效地引导儿童摆脱电子屏幕的操控。这将涉及帮助儿童及其家庭尽可能地扩大他们的家庭－学校－社会文化体系，同时缩小媒体文化体系。这也能够帮助儿童将两个体系的内容结合起来，不再生活在两个独立的世界中（见图 3.2）。

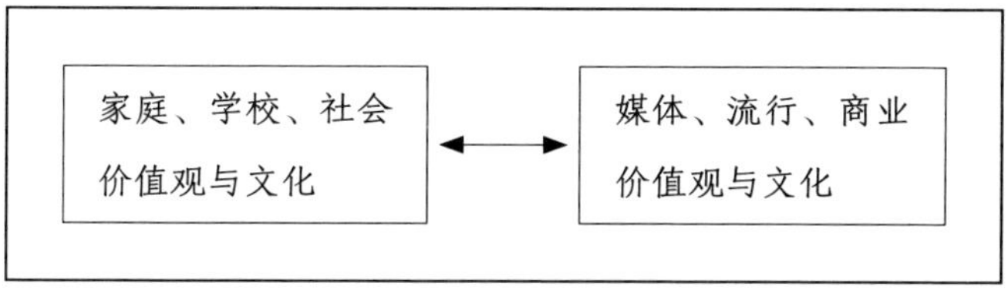

图 3.2　努力建立两个体系的联系

值得努力

如果你觉得我给你本来就很辛苦的工作增加工作量，那么你是正确的！然而，从长远来看，你会发现，了解并积极主动地帮助在媒体时代中成长的儿童，能够减少你的教学压力，让你的教学更有效、更令人满意！

第四章

创造条件：进一步了解儿童生活中的媒体

在如今被媒体包围的时代中，能够找到对儿童生活产生积极的持续性影响的方式是一项极具挑战性的任务。你对媒体及其如何影响儿童了解得越多，你就越能够明确如何利用其积极影响，减少消极影响。

促进儿童的健康发展、学习和行为是一个持续的过程，尤其是在当今不断变化的媒体和流行文化的影响下。由于每个儿童对周围的媒体都有独特的理解，每个家庭对媒体文化均持有不同的态度，所以情况变得更加复杂。这里有一些适宜且多样的方法，可以帮助你有效地适应儿童的生活变化，并处理媒体和与媒体有关的问题。你需要先了解儿童生活中的特定媒体。这些知识将帮助你做到以下几点：

- 明确媒体和与媒体有关的问题是什么，以及如何影响儿童的思想和行为。
- 与儿童及其家长针对媒体问题进行有意义的讨论。
- 根据儿童的具体问题和需求，制定积极的教学方法。

应对儿童生活中媒体的学习策略

这里有一些方法，有助于你建立一个框架，来帮助儿童理解他们在日常生活中在媒体上的所见所闻。

展现你对儿童媒体的兴趣

建立一个支持性环境，便于你获得有关儿童在生活中接触的媒体及技术的信息。要向儿童传达你希望更多地了解他们对媒体的兴趣和想要参与其中的愿望。这意味着儿童会感受到，他们不会因为提出与媒体有关的话题而被批评，因此他们可以自由地对你说出自己使用电子设备时的想法。这样你就能得到你想要了解的东西。然后，你可以围绕媒体和媒体文化的某些积极和消极影响，制定与儿童合作的策略。如果确实出现了你所担心的问题，你需要把它们记录下来，以便设计出有效的处理方法。本书的其他章节提供了一些策略，可以帮助你实现这一目标。当儿童提到自己在电子设备上看到的东西时，你可以通过一个简单的方式与其开启谈话："你可以和我说说这个人物（游戏或节目）吗？"

详细了解儿童最关心的媒体和技术。在个人谈话和小组讨论中，了解儿童在讨论中可能涉及的媒体——电视节目、视频和计算机游戏、软件和其他对儿童影响最大的媒体。要注意儿童在玩游戏时出现的与媒体相关的话题。要引导儿童参与讨论，但要尽量不妨碍他们游戏。一旦你开始与儿童针对他们提到的媒体建立更多的联系，他们就会知道这是你感兴趣的事情，而不是感到不开心的事情。当你发起与媒体相关的谈话时，儿童会认为与你沟通很愉快。以下是你可以进一步采取的措施，以了解儿童能够通过媒体文化接触什么。

- 记录儿童对话和游戏中与媒体、技术和电子产品相关的话题。
- 一旦你知道什么样的媒体最受儿童喜欢，就多了解一下。如果是电视节目、电影或游戏，你可以自己看或玩，最好与其他教师或家长一起看或玩，然后讨论。分析你所学的内容与你观察到的影响儿童的内容之间的关系，然后制定策略。（第三章中的专栏 3.5，可以帮助你确定儿童在接触媒体后可能会获得什么信息）。

- 确保你了解儿童谈论的其他类型的媒体，如视频和计算机游戏、智能手机或平板电脑的应用程序、网站以及针对儿童的线上虚拟社区。同样，你需要自己再了解一遍。
- 了解电视节目、电影和电子游戏的各种评级系统。这些信息能够给你提供一个支点，帮助家长了解到儿童可能会接触一些适合成人或年龄较大儿童的内容。它还可以帮助你明确你想与家长一起解决的问题。要知道这些评级系统是有限的；正如关于家长对媒体评级系统不满的三项研究报告（Gordon，2011）中所指出的，它们并不提供关于内容的具体信息。
- 不同的媒体有不同的评级系统。因此，你经常会发现一部电影的评级是针对某一年龄段的，而相关的电视节目的评级却是针对年龄较小或较大儿童的。要牢记以下要点。
  - 负责评级的人不一定具有关于儿童发展的特殊知识，或接受过其他适当的培训。例如，电影行业利用公众对电影进行评级。
  - 目前还没有官方指南明确界定玩具的使用年龄，这取决于各个制造商。这意味着，一部被评为PG-13级[①]，甚至R级[②]的电影，可以有一个相关的玩具供儿童把玩。
  - 截至目前，只有“常识媒体”（Common Sense Media）机构才有一个针对应用程序的评级系统，儿童使用应用程序的频率正在迅速增长。该机构还提供了关于其他类型的评级系统的信息。

---

① 美国影片分级的一种，指13岁以下的儿童要有父母陪同观看的影片。这里的PG是Parental Guidance的缩写，中文直译“父母级别”。美国影片普遍分为5个级别，即G级、PG级、PG-13级、R级和NC-17级。——译者注

② 美国影片分级的一种，指17岁以下的观众要有父母陪同观看的影片。其中R是Restricted的缩写，中文意即“限制”。——译者注

专栏 4.1

媒体评级系统

- 电视节目评级系统
- 电影评级系统
- 电影、游戏、应用程序、网站、电视节目、书籍和音乐评级：常识媒体

请家长填写媒体概况调查问卷，以便更多地了解媒体和媒体文化如何对儿童的生活产生深远的影响。这份问卷与“致家长的一封信”将一同出现在本章的末尾，可以帮助你了解不同家庭的媒体及技术的使用情况，家长对儿童在家里使用媒体的感受，以及他们针对媒体文化如何影响儿童所持有的态度。你可以根据家长填写问卷时反思和讨论过程中的表现等，设定目标，制定相关策略。

根据从已完成的问卷中了解到的情况，结合儿童及其家庭的特征、经历和对待媒体产品的态度来调整你的回应。例如，一些家长担忧他们的孩子在电子屏幕上花费太多的时间，并且孩子在家里很难培养其他的兴趣。在了解到这样的情况后，你可能会专注于帮助儿童在学校里培养游戏兴趣，并且推动该兴趣延伸到儿童的家庭生活中——例如，在学校里使用黏土，之后将其制作方法告知儿童的家长。以下章节中的许多活动都可以用来解决已完成的问卷中的问题。

时刻关注屏幕媒体和媒体文化

了解更多儿童使用的屏幕设备。

➢ 参观销售媒体产品的商店，寻找儿童常常提及的产品的样品，了解不同的游戏及其应用程序，进而深入地了解儿童在使用这些产品的过程中所接触的内容。在你了解的过程中，想想儿童对它们的评价，试着

设身处地地为他们着想。这种特定设备或内容的诱惑是什么？这对他们可能意味着什么？他们会使用或不会使用什么技能？他们可以从这个体验中学到什么？

➢ 在互联网上搜索更多有关媒体设备的特点、用途和优缺点的信息。

了解儿童使用最多的、应用最广的、与媒体相关的新潮玩具，并且知道他们如何使用这些玩具。即使你的课程材料中没有涉及与媒体相关的玩具，也不允许儿童从家里带来玩具，这些玩具的使用也会影响儿童在学校里的游戏内容和方式。因此，明确这些玩具会对儿童的校外生活产生什么影响，可以帮助你更好地了解媒体如何进入他们的生活，以及他们可能从中学到什么信息。这些知识也将帮助你在课堂上应对与媒体相关的问题（第七章将更全面地讨论媒体、玩具和游戏）。以下建议能够帮助你了解班上儿童喜欢的玩具。

➢ 在大型玩具市场或连锁零售玩具店里，调查受众为你所教年龄的儿童的玩具。
    - 注意特别展示的玩具。
    - 阅读玩具背面的说明。
    - 弄清哪些玩具是针对男孩的，哪些玩具是针对女孩的。你是怎么知道的？这些玩具是否提示儿童如何玩？儿童可能从玩具以及与玩具相关的媒体中学到什么？
    - 注意观察商店内儿童与成人之间的互动，了解儿童选择了什么玩具，为什么选择这些玩具，以及什么因素会影响其购买玩具。

➢ 在网上搜索最受你班上孩子喜欢的玩具，了解其在线销售的更多信息。

了解更多与媒体相关的产品（包括服装、食品、午餐盒、鞋子等），对儿童的生活产生的影响。

- 在网上搜索，了解哪些产品关乎针对儿童的最流行的媒体。这些产品的数量和种类可能是惊人的。但这些信息有助于你了解它们对儿童的影响。
- 时刻了解媒体产品的最新情况，每周需要问自己一些问题：
  - 儿童本周把哪些带有媒体标志的产品带到了学校？
  - 儿童在谈论这些产品时会说什么？
  - 这些产品如何以及何时出现在儿童的游戏中？
  - 儿童之间是否出现过有关谁拥有什么东西或谁想要什么东西的问题？

第一章开头所讲述的故事——小女孩因为没有带公主午餐盒到校而被禁止在公主餐桌旁吃午餐的故事，为你可能会用到的信息或需要处理的情况，提供了一个生动的案例。

根据所知采取行动

> 了解儿童生活中的设备和媒体产品的更多信息。

运用你从本书上学习到的或者通过研究发现的方法，明确儿童运用媒体和科学技术的影响，这可以帮助你在课堂上正确地使用媒体或科学技术。随着科技的快速发展，它已经成为日常生活中必不可缺的存在，所以要更全面地考虑在课堂上可以运用哪些媒体设备。随着科技在儿童的成长环境中变得越来越普遍，如果可以选择的话，请仔细考虑你将在课堂上使用哪些屏幕设备。弄清楚为什么要使用这些设备，以及科技如何以实物材料所不能实现的方式来促进儿童的学习，从而使用适当的教学策略，促使儿童在使用屏幕设备时创造性地参与和学习。

在许多情况下，决定不使用科技也是一个可行的选择。尤其是对在家里长时间接触媒体设备的孩子来说，他们可能获益匪浅。因为在小组活动中，没有屏幕来分散他们的注意力（Campaign for a Commercial-Free Childhood，Alliance for Childhood，& Teachers Resisting Unhealthy Children's Entertainment，2012）。不管你最后是否会选择在课堂上使用电子设备，最重要的是你要明确这些设备对儿童的影响，并且想办法减少其对儿童的消极影响。如需更多关于是否使用以及如何使用科技的信息，请参阅《面对屏幕的困境：幼儿、科技和幼儿教育》（*Facing the Screen Dilemma: Young Children, Technology, and Early Childhood Education*）。

利用本书所提供的建议，帮助更多家庭、机构和社区积极行动起来，克服媒体对儿童的消极影响。作为教师或家长，单独处理这些问题可能非常困难。与他人分享想法、成功和失败，有助于你制定适合自身情况的有效策略。当儿童生活中的成人共同合作时，积极影响儿童的想法和行为会变得更容易。

当我努力邀请大家一起参与这些活动时，当我发现有的成人能够运用良好的教育策略来控制儿童生活中的媒体，并能够与儿童进行有效的合作时，我无比感激和欣慰（本书的第三部分将提供许多资源和策略，来帮助你实现这一目标）。以下是开始与同事和家长进行合作的几个方法。

- 组织会议，与家长和其他教师合作，谈论本书中与你最相关的情况。
- 如果你定期与家长通信，请给他们提供有关媒体问题的文章，并鼓励他们关注和解决相关问题。
- 为了更好地理解媒体和技术的吸引力和影响，请审视它们在你的生活中所扮演的角色。用以下问题来探讨你和家人在媒体方面的经历：
    - 我应该使用哪些媒体和技术以及何时使用？
    - 媒体和技术对我的工作和工作以外的生活有什么好处和坏处？
    - 媒体和技术在我与家人和朋友的关系中扮演什么角色？它们如何影响我们的相处方式以及我们喜欢谈论的内容？

- 在我的生活中，我是否想改变有关媒体的事情？如果是的话，为什么？我该如何才能做出这些改变？
- 我的媒体经历以及我对媒体在生活中的作用的感受，如何帮助我更好地理解我班上的孩子及其家庭的媒体经历？

专栏 4.2

媒体简介信

亲爱的家长：

我经常听到儿童谈论在家里看到的电视节目或电影、玩的电子游戏以及其他游戏。有时，儿童在媒体上的所见所闻会影响他们的学习和行为方式——这种影响有时是积极的，有时是消极的。因此，我想在教室里制定策略，促进儿童使用屏幕设备的积极方面，并尽可能地限制其产生的消极影响。为了完成这项任务，帮助我更好地了解您的孩子如何在家里使用屏幕设备，请您尽可能地回答调查问卷中的问题，并反馈给我。请放心，答案没有对错和好坏之分。

非常感谢您的支持。我将在未来分享我们在课堂上围绕这个问题所做的努力。

谨上

专栏 4.3

在家里使用屏幕媒体

孩子的名字__________

1. 您的孩子在家里使用哪种媒体（例如电视、DVD、计算机和电子游戏、互联网和应用程序）？

2. 您的孩子在家里使用哪种科学产品（例如智能手机、平板电脑、音乐播放器和电子书阅读器）？

3. 您的孩子每天使用电子屏幕或接触与电子屏幕相关的活动大约多少小时？

4. 您的孩子经常在一天或一周中的什么时候使用电子屏幕设备？

专栏4.3（续）

5. 您的孩子使用屏幕设备的主要场所是哪里（例如家庭娱乐室、卧室、厨房、汽车或朋友和亲戚家）？

6. 您的孩子最喜欢什么样的电视节目和其他电子产品的相关活动？

7. 当您的孩子不看电视或使用其他电子屏幕设备时，他喜欢做什么？

8. 您的家人是否花时间与孩子一起看电视、使用计算机或进行其他屏幕活动？如果有，请描述一下。

9. 您的家人喜欢和孩子一起做哪些不涉及电视、计算机或其他屏幕的活动？如果有，请描述一下。

10. 当其他孩子到您家和您的孩子一起玩时，孩子们在玩的时候会使用科技产品吗？如果会，他们一般使用什么产品（比如电视、电子游戏机、平板电脑和智能手机）？

11. 对于您的孩子观看或使用的软件、游戏或其他媒体活动，您是否有任何规定（例如何时或多长时间）？如果有规定，那么您的规定是什么？你觉得他们执行得怎么样？

12. 您的孩子最喜欢的玩具是什么？其中有电子产品吗？它们是否与电视节目、电影或其他媒体相关？

13. 您认为孩子接触电视、计算机和电子游戏以及其他屏幕有什么好处？如果有好处，您又看到了什么负面影响？您有什么想了解或改变的吗？如果有，请描述一下。

14. 如果您有多个孩子，他们的年龄分别是多少？孩子的不同年龄是否对您的家人使用媒体造成了挑战？请解释一下。

15. 您是否希望我们在课堂上解决相关问题？您是否想了解关于媒体的更多问题？如果是，请阐述一下。

16. 关于您的孩子和家庭生活中的媒体，您还有什么想说的吗？

PART

02

第二部分

帮助儿童在教室里摆脱电子屏幕的操控

第五章

与儿童一起解决问题：帮助“公主和王子们”过上幸福的生活

儿童在媒体中看到的、听到的和经历的事物，往往会融入他们的游戏。一些儿童从媒体中学习的游戏，可能会限制他们的想象力和创造力，有时还可能造成儿童之间的冲突。本章展示了一个在幼儿园教室中媒体对儿童产生影响的案例，并阐明了教师是如何解决相关问题的。这个例子涉及公主游戏，但所探讨的原理适用于其他媒体的影响。其中还展示了在之后的章节中将深入讨论的目标和行动策略。

王国里的麻烦

在过去的几年中，在希尔达的教室里，4 岁女孩间最常见的游戏主题就是公主。她一直不喜欢这种对公主的强调，但由于儿童通常很快就会转向其他更具想象力和复杂的游戏主题，所以她没有将这看成是一个问题。

但在今年寒假结束后，几个女孩对公主燃起了新的热情。大家都在讨论：谁在假期里看了哪些公主电影？谁得到了哪些公主玩具和其他周边产品？同时，首次出现了两个女孩携带公主午餐盒到学校的情况。

很快，娃娃家就被这些新的公主爱好者们占据。以前在教室里不太关注公主活动的其他女孩也加入进来。随着游戏人数的增加，孩子们产生了很多冲突，例如谁可以穿公主服、可以穿哪件公主服，谁可以扮演公主、扮演哪位公主。但是，一旦女孩们穿上了公主服，她们似乎就没有什么想做的事情，希尔达没有看到有意义的游戏发展。此外，以前和女孩们一起在娃娃家里游戏的男孩们，现在都避开娃娃家了。当坐在一起吃零食的时候，女孩们经常会谈论她们想看的公主电影、认识的公主们，以及想得到的玩具和周边产品。希尔达开始觉得，教室里的女孩们都是公主，而不是她的学生。

公主游戏也影响了儿童的户外活动。女孩们开始追逐男孩，抓住他们，并指定他们成为自己的王子。她们会挂在男孩的身上，把他们拉到操场上。虽然有一些男孩似乎并不介意这样的行为，甚至乐于受到这种关注，但也有几个男孩因为想一个人待着，会和女孩们打起来。

之后，公主们开始定期讨论哪些男孩是“最好的”王子，希尔达开始听到女孩们说出“不希望 × × 成为王子”等刻薄的言论。那些被拒绝的王子一般是年龄更小的、更敏感的男孩，而那些被喜欢的男孩开始表现得好像取得了某种胜利。

反过来，王子们也开始讨论谁是“好”公主，谁是“坏”公主——一般来说，那些主导游戏的、瘦弱的、穿着女性化服装的女孩，被认为是“好”公主。在吃点心时，孩子们会讨论在户外游戏中希望谁扮演自己的王子或公主。一些没有被选择的孩子似乎并不在意，而有些人看起来有点沮丧。

希尔达越来越关注正在发生的事情，并开始考虑如何更多地介入其中。过去，她在每个公主或王子出现问题时都会加以解决。如果一个女孩逼迫一个男孩成为“她的王子”，而男孩拒绝，那么希尔达就会和女孩谈谈，希望她能尊重男孩的意愿，让他一个人待着。

希尔达思索着她应该做什么。她是否应该完全禁止公主和王子进入校园？这不是她过去处理这类问题的方式，而且她意识到，禁止玩公主游戏并不能真正解决问题，公主游戏在儿童的家庭和学校生活中仍然占据重要的地位。希尔达怀疑，禁止这种游戏可能会导致孩子们在她不知情的情况下找到“更有创意”的方法。完全地禁止公主和王子，似乎并不是一个有效的选择。

希尔达有些忐忑不安，她决定要想出一个更周全的方法来处理公主游戏。这种方法必须让每个人都放心，结合儿童的兴趣，并合理地应对孩子们（尤其是女孩们）从公主世界中学到的东西。

以下核心问题能帮助希尔达找到努力的方向：

- 为什么女孩们在教室里假装公主让我如此不舒服？
- 是什么让公主们深深地吸引着女孩们？
- 哪些女孩最喜欢这个游戏，她们可能会遇到什么特别的问题？
- 围绕公主游戏，哪些问题看起来最需要在课堂上解决？
- 家长如何看待公主在儿童生活中的角色？我要如何与家长合作，将学校里发生的事情与家里可能发生的事情联系起来？
- 我如何与孩子们针对公主问题进行沟通，结合他们的需求，重建积极的教室氛围？
- 我如何与孩子们合作，纠正公主游戏对他们造成的性别刻板印象？

> 与所有的孩子进行一次不带偏见的对话，可以让希尔达了解孩子们在想什么，表达她的兴趣，并向他们保证谈论自己的想法是安全的。

希尔达决定先与所有的孩子进行一次非评判性对话，了解教室里的公主和王子的情况。她表现出自己有兴趣听取他们的想法，并向他们保证他们谈论的想法不会被批评，由此来了解儿童的想法。专栏 5.1 和专栏 5.2 展示了他们在两次班会中讨论的内容。附带的解释部分指出了希尔达在与儿童合作时的目标和策略。这些解释的内容明确了她从与儿童的对话中能够学到什么，以及她如何利用这些对话来帮助自己反思。

专栏 5.1

班会 1：引入公主问题

对话	解释
希尔达：我注意到在我们的教室里似乎出现了一些问题。你们中的很多人都喜欢穿公主服和在户外扮演公主。但很多时候，当你这样做时，有些同学会因为自己不能成为想要的公主而生气，或者有人告诉他们不能玩。所以我们需要弄清楚该怎么做，才能让每个人都感觉更好。	希尔达将讨论的主题定为他们需要共同解决的问题。她选择了两个突出的问题：①孩子们没有成为自己想要的公主；②一些孩子被告知不能玩。
吉莉恩：我是白雪公主，因为我喜欢她。	吉莉恩的话以自我为中心，专注于她喜欢的东西，而不是小组中的其他人。这种自我中心主义反映了她的思维发展阶段——皮亚杰称之为前运算阶段。在这个阶段，2—7 岁儿童的思想和交流通常以自己为中心，只考虑自己的观点。
伦达：我永远是灰姑娘，她就是我的最爱。	伦达也表现出自我中心主义，并专注于自己的已有经验。
希尔达：吉莉恩和伦达，听起来你们没有问题。还有谁有问题？（几只手举起来。）	希尔达接受吉莉恩和伦达所说的话，但不会做出评判。因为她希望孩子们说出自己的想法，而不是觉得只有一个“正确”的答案。
黑莉：我也想成为灰姑娘，但她不让。她说不可能有两个灰姑娘！（她指向伦达，伦达狠狠地瞪了她一眼。黑莉忍住了眼泪。）	痛苦的感觉和责备很快就会出现。黑莉专注于发生在她身上的事情。她认为可以有两个灰姑娘，但伦达比黑莉专注于表面意思，并认为只能有一个灰姑娘。

专栏 5.1（续）

对话	解释
希尔达：所以你想有机会成为灰姑娘，因为这是你非常喜欢的公主。你希望有两个公主对吗？（黑莉点头表示同意。）我知道伦达也真的很喜欢当灰姑娘。你认为两个人轮流当灰姑娘可以吗？（黑莉点头。）	希尔达回应黑莉所说的话，然后试图通过引入两个女孩的观点，来帮助孩子们扩大他们的理解。
伦达：只能有一个公主！黑莉看起来并不像公主，而我有一头金发。	伦达的回应是具体的、字面的、以自我为中心的。她和很多孩子都需要一些帮助，来考虑可能对每个人都有效的解决方案。
希尔达：所以，你认为灰姑娘只能有一个，而且需要有金色的头发？其他人怎么看？	希尔达没有对伦达的话做出判断。她回应了伦达，并邀请其他孩子分享自己的观点。
朱莉娅：这种说法很自私。你不能改变头发的颜色。	朱莉娅展示了一种合乎逻辑的、不那么直接的思维方式，并且一次只专注于一件事。这正是希尔达所希望的答案！
亨利：是的，她们很自私。我们不能一起玩。她们才不会让我们！（几个男孩点头表示同意。）	朱莉娅说的“自私”一词，引发其他孩子想起自己被刻薄对待的经历。现在希尔达要解决的大问题已经出现了。
希尔达：当她们告诉你，你必须成为什么样的王子时，你不喜欢是吗？如果你无法成为你想成为的王子或公主，请举手。（至少有一半的孩子举手。）现在，如果你想玩却不能玩，请举手。（再一次，很多人举手。）	希尔达总结了亨利的关键点，并以一种群体参与的方式（举手），将他们带入讨论。
希尔达：听起来你们中的很多人都觉得确实存在问题，你们对有关王子和公主的事情感到不满意。	希尔达回到最初的问题并进行总结，以便让孩子们明白他们有一些具体的问题要解决。

专栏 5.1（续）

对话	解释
桑迪：我不想当王子，这很傻。这是给女孩玩的游戏。（几个男孩点头表示同意。其他人则表示不同意。）	桑迪表明，即使在被拒绝的群体中，也存在不同的意见。他似乎觉得说出自己的真实想法是安全的。
希尔达：这是问题的另一个方面。我们不认可“谁应该玩，谁不应该玩”的观点。我们之前讨论过，比如在滑梯上或在区角里，女孩和男孩可以一起玩的方式。（几个孩子点头。）	希尔达继续帮助孩子们拓展对这个问题的理解——谁可以玩，谁不可以玩。她也将问题与性别，以及他们过去解决问题的经验联系起来。
朱尔斯：是的，但你不是公主，男孩不应该这样做！	朱尔斯使用二分法的具体思维。他将之前学到的关于性别的知识与现在正在讨论的王子和公主的性别角色分开。
希尔达：是的，朱尔斯，我们之前已经讨论过，孩子们不应该玩他们不想玩的东西。但我现在听到的是，你们中的很多人在学校里玩王子和公主游戏时存在问题。有时孩子们对彼此很刻薄。这感觉不太好。（有人点头表示同意，但有几个孩子看起来很担心。）	希尔达承认朱尔斯所说的，没有做出纠正或判断。然后，为了专注于她希望解决的关键问题，她将话题带回当前情况以及孩子们的感受。她给自己做了一个记录，以便以后在性别问题上做更多的努力。
希尔达：我们需要考虑我们能做些什么，从而让事情变得更好。我们以前在遇到问题时，如何想出改变某事或做某事的想法？（她停顿了一下，环顾四周。）我们已经坐了很久了，我很高兴我们现在对问题有更多的了解。让我们先吃点心，想想我们能做些什么。吃完点心后，在做户外运动前，谈谈你们的想法，并决定尝试什么解决方案。（当孩子们跳起来去吃零食时，一些对话开始了。）	希尔达并没有试图在一次对话中涵盖所有的问题，而是以一种让每个人都感觉良好的方式重新解决问题。希尔达看到孩子们开始焦躁不安，所以她总结了他们的问题，并建议休息一下。她以一种具体的方式，帮助他们提前计划接下来的事情——讨论并针对解决方案达成一致。

专栏 5.2

班会 2：解决公主问题

对话	解释
希尔达：我听到你们中的一些人在吃点心时，谈论我们可以为公主问题做些什么。你们能说说自己的想法吗？我会将它们写在白板上，以帮助我们记住它们，并决定尝试哪些方法。	希尔达先听取孩子们的想法，来收集可能的解决方案。尽管大多数孩子无法明白她写的所有内容，但她会写下他们的想法，以便他们知道以后会用到这些内容（有意义的识字活动）。
希瑟：不要有公主。我不喜欢她们！（此时热爱公主的孩子们发出几声牢骚。）	希瑟的以自我为中心的解决方案，只考虑了她自己的意愿，但这在头脑风暴时是可以的。尽管有人抱怨，但希尔达仍然继续头脑风暴的环节。
吉莉恩：你不能这么说……这不公平。	吉莉恩引入公平的理念来反对希瑟的想法。
希尔达：希瑟，听起来你希望没有公主。但是，吉莉恩肯定不喜欢这个主意。让我们看看，能不能想出一些让每个人都感觉良好的方法。	希尔达指出了两种不同的观点，但没有对任何一个观点做出判断。然后她再次强调会议的目标来安抚两个孩子，以试图提出对每个人都有效的解决方案。
吉莉恩：我们需要公主。我们在户外活动时都可以扮演公主或王子。	尽管吉莉恩仍然坚持要有公主，但提出了既考虑到希尔达的既定目标，又联系前期讨论的解决方案。
娜塔莎：没有那么多公主！如果有那么多公主的话，我们该如何选择王子？	娜塔莎关注表面的事实，即公主的数量（当下媒体中流行的公主）。但她提出了一个关于因果关系的设想，想象如果全班将吉莉恩的解决方案付诸实践会发生什么。

专栏 5.2（续）

对话	解释
黑莉：这就是为什么我们可以有两个灰姑娘！每次有两个公主，那么就足够了。	黑莉坚持她在第一次班会时提出的想法——可以有两个灰姑娘。现在，她扩展了这个想法，以帮助解决问题，使每个人都有机会成为公主。
希尔达：所以，一个解决方案是让每个想成为公主的人都成为公主。我们每次可以有两个公主，这样就有足够的公主角色。那么这两位公主需要做什么？她们是一起做事，还是可以做不同的事？	希尔达结合了孩子们的一些建议，帮助他们了解其中的联系，以及他们的解决方案可能会发展到什么地步。她还把讨论引导到两个公主将如何游戏的细节上。
吉莉恩：我认为每次只能有一个公主，就像电影里一样。	和第一次班会一样，吉莉恩很难超越电影和儿童游戏的字面联系。
亨利：每个人都可以有一天的时间。	亨利开始着手解决吉莉恩的问题，他确实参与了讨论。
希尔达：亨利，你能详细说说该怎么办吗？	亨利需要详细说明他的解决方案在实践中如何实施。
亨利：你只能当一天的公主，然后其他人可以在另一天当公主。	亨利进一步解释了他的想法，他正在解决班级问题中的一个重要方面，即如何让每个人都开心。
凯瑟琳：我知道，我们可以每天进行登记，就像你在游戏时间做的一样。（几个孩子点点头，有几个孩子看起来不高兴。）	凯瑟琳以亨利的想法为基础，并结合了她过去在课堂中解决问题时学到的东西。
伦达：你是说我不能成为灰姑娘？！	伦达很难超越她的自我中心主义——她的兴趣以及解决方案如何影响她，这在学龄前儿童中很常见。

专栏 5.2（续）

对话	解释
希尔达：伦达认为，如果我们必须登记，那么她就不可能是灰姑娘。但我们确实需要采取一种方法，使大家能够选择自己将成为什么样的人，并获得自己喜欢的角色。（她看了看表。） 户外活动时间已经到了，你们一直在努力解决问题。我们明天再继续讨论关于公主的问题吧。我们还需要弄清楚王子会发生什么，以及公主和王子能做什么。 在今天的户外活动时间里，我认为不能有任何公主或王子。（一些孩子表示不满。）我知道有些人不喜欢这样，但我的工作是确保每个人在外面都感到安全。我保证，明天我们会想办法实现这一点。	希尔达在没有做出判断的情况下，回应了伦达所说的话，然后她重申了问题，明确了他们目前正在解决的具体问题。 希尔达试图结束讨论。她总结并分享了她对接下来要讨论的问题的想法。她知道，只有这样的讨论才能帮助孩子们更加了解公主游戏，以及他们在其中的角色。 希尔达认真履行保护所有儿童安全的责任，并颁布了一项临时规定。她认为禁止当天的公主游戏，可以保证孩子们的安全，并帮助他们弄清楚对公主在游戏中所扮演角色的想法。他们关于公主的全新理解，可在下一次班会中探讨。
黑莉（兴奋地说）：我知道！今天我们可以让每个人都成为公主或王子。今天就试试吧！（几个孩子点头同意。）	黑莉一直非常投入地讨论，因为她在游戏中遇到了麻烦，她对“一日规则”应该是什么，提出了自己的想法，而她的想法源于之前的讨论。
希尔达：看起来很多人今天更喜欢黑莉的解决方案。好吧，因为我们的规则是找到每个人都同意的解决方案，所以我们就试一次。仅限于今天，每个想成为公主或王子的人都可以成为自己想成为的公主或王子。明天我们将讨论它是如何运作的，以及接下来要做什么。（有几个孩子微笑点头。）	希尔达表明她倾听孩子们的心声，他们的心声很重要。她采用了黑莉的解决方案，但仍将其作为临时规则，让孩子们知道他们还有更多的工作要做。根据孩子们的想法改变主意，可以帮助孩子们感受到他们的声音所具有的力量。

为什么采取这种方法

对于教师来说，这是一场非常困难的对话，但希尔达发现它很有趣，也很有成效。她的努力有力地说明了，在当今世界中，帮助儿童摆脱电子屏幕的操控意味着什么。无论是不是公主，大家都没有魔法棒！她与孩子们进行了深度的联系，从他们所生活的地方开始，帮助他们弥合两种相互冲突的文化间的鸿沟——关乎媒体文化和家庭－学校－社会文化（参见第三章）。

两次课堂讨论都建立在孩子们关于媒体文化问题的经验、想法和感受上。许多孩子都对这个问题有很深的感触。因为希尔达小心且不加批判地接受他们的看法，并鼓励每个孩子表达自己的观点，所以孩子们才能大胆地表达自己的想法。她认为，孩子们经历的过程不仅是构建解决方案的重要部分，而且其本身也很重要。这是一个持续的过程，潜在的解决方案不断地被试验、评估和修改。总而言之，希尔达正在倡导有助于消除媒体文化对儿童的负面影响的态度、价值观和技能。

有些人可能会争辩说，希尔达在游戏问题上花费了太多的时间，而没有专注于基本技能的学习。实际上，这种努力与儿童学习基本技能息息相关。希尔达写下孩子们的想法，然后在第二天将孩子们的想法读给他们听，进而继续解决问题，这就能发展他们的读写能力。这是利用阅读和写作的背景，让儿童学习将文字赋予意义的关键方法。当儿童思考“很多”“很少”及“成对的公主和王子”的概念时，他们就会用到计算。正如下文所述，识字和算术将继续融入孩子们解决问题的过程。

下一步是什么

当孩子们准备到户外时，希尔达在心里默默记下，要仔细观察孩子们玩公主和王子游戏的过程，以有助于她在第二天的会议上谈论她的观察结果。她还意识到，她应该将下一次讨论的重点放在公主和王子喜欢做什么上。她可以将此作为契机，帮助孩子们规避现有游戏的局限性，扩大游戏的可能性。

希尔达还在思考如何将公主和王子问题融入整个课程。为了做到这一点，她采取了一种方法——在第二天的故事时间里，她给孩子们读了罗伯特・蒙施（Robert Munsch）的《纸袋公主》（*The Paper Bag Princess*）。这本书挑战了许多儿童游戏中对公主的刻板印象：当伊丽莎白公主即将嫁给阿诺王子时，一条龙袭击了城堡并绑架了王子。伊丽莎白乔装打扮（穿上纸袋），巧妙地从龙的手中成功地救出了王子。但阿诺不知道该如何面对她这样的非公主行为。

毋庸置疑，一些孩子感到不满。他们坚持说：“公主不应该有这样的行为和样子！”希尔达对他们的一些想法提出了质疑，说：“但她是个公主，而且她确实穿成这样……”她问孩子们：“如果伊丽莎白不救阿诺王子，你们觉得他会发生什么事？”“如果你是伊丽莎白公主，你会怎么做？”当他们回答的时候，希尔达再次写下他们的答案。她没有纠正孩子们的想法，也没有挑明他们的想法是错误的；相反，她试图帮助孩子们解决问题，并拓展他们的思维，引导他们的想法变得不那么僵化和刻板。

专栏 5.3

灰姑娘与文化多样性

认识到许多儿童离开学前班后对公主仍然很感兴趣，一所学校在二年级课程中增加了对各种文化中的灰姑娘故事的研究。教师和学生在讲故事、比较人物的异同中，探索不同的文化，学习读写技能，并与整个课程建立联系。

在整个早期阶段，我们都可以使用符合儿童年龄的、体现文化多样性的关于公主的书，帮助儿童扩大对该主题的看法和兴趣。这可以让他们接触自己熟悉的流行媒体之外的主题和元素。

接下来，希尔达思考了如何改进娃娃家，鼓励孩子们进行更深入、更复杂的游戏，而不是简单地把自己打扮成公主，并在房间里走来走去，假装参加舞会。她和孩子们一起把这个区域改造成一座城堡，用大积木作为城堡的墙壁，用铝箔条在墙外制作一条护城河。他们讨论如何建一座吊桥，以供进出城堡。最后，他们决定用胶带将大积木粘在一起，做成一个可以开关的大门。接下来，希尔达帮助孩子们制作简单的斗篷，剪开几种颜色的、有光泽的布料，在布料的两个角上分别粘贴具有黏性的魔术贴，然后把斗篷挂在孩子们的脖子上。几个孩子决定成为“超级”公主和王子，因为他们现在有“超级”斗篷——将男孩们特别感兴趣的超级英雄主题融入其中。最后，在希尔达的指导下，孩子们开始写自己的书，讲述各种公主和王子的传统和非传统的冒险故事。他们还合作制作了一本关于如何制作王子和公主斗篷的故事。孩子们将自己的画作为书中的插画，还将他们玩公主和王子游戏的照片作为插图。

最后，女孩和男孩愉快地在一起玩耍，扩展了他们有限的、被操控的“公主”和“超级英雄”游戏的玩法。这种游戏在希尔达的帮助下不断发展，在此期间希尔达在必要时为孩子们提供支持。女孩和男孩不再为谁可以成为某部电影、电视节目、电子游戏中的角色而争吵。他们不断地发现其中的独特问题，并以他们的方式共同解决问题。这是治愈问题解决缺失症和同情心缺失症的良药！当孩子们创作和阐述自己的王子和公主的冒险故事时，他们也能学习到大量的文字。

当你考虑如何解决已经出现的问题（例如，公主和超级英雄的困境，或其他的困境）时，一定要记住，没有任何一个班级会像希尔达和她班上的孩子们那样遵循这个解决问题的过程。这段经历对这群孩子和这位特别的教师来说是独一无二的，即使希尔达有一群同样参与公主游戏的孩子，在第二年的课堂上，她也不太可能复刻同样的情境，因为一群新的孩子会有不同的公主体验，而且他们在一起游戏的体验也会不同。这里发生的事情是由以前发生的公主游戏、基于这些孩子的兴趣，以及他们的技能和已有经验演变而来的。希尔达为这个游戏搭建了脚手架，并且富有成效。这些都是她为帮助儿童摆脱电子屏幕的操控所做的努力。

无论你的班级是否遇到了本章中所述的“公主游戏”问题，或者是儿童模仿其他与媒体有关的角色和剧本所引起的问题，让家长参与发现和解决问题的过程都是很有帮助的。专栏 5.4 提供了一些可实施的建议（另见第十章）。专栏 5.5 阐述了一名家长试图让女儿在扮演公主角色时获得平衡。她与希尔达采取了一些相似的策略，并针对这个问题与其他家庭成员一起讨论。

行动策略　　专栏 5.4

家 园 合 作

- 与家长分享孩子们在户外和室内游戏中遇到的、与媒体文化有关的具体问题，包括一些对于你认为可能会出现问题的原因的基本解释。
- 询问家长是否在家里出现过这些问题，以及家长有什么顾虑。你可以通过实时通讯、参观日活动以及接送环节来做到这一点。
- 让家长了解你的努力，你利用儿童对特定的流行文化媒体主题、人物和产品的兴趣，扩大、深化和改变他们的游戏和互动。
- 询问儿童的家长，他们在家里如何解决这些问题。请他们提出自己的想法，供你在课堂上使用。
- 与家长分享你与儿童开展活动的资料。例如，分享儿童围绕公主主题制作的书籍，或者让他们把书带回家，和家人一起阅读。
- 建议家长可以使用其他资源（网站、书籍、指南），帮助他们的孩子摆脱刻板印象，或在家里的局限性游戏。

专栏 5.5

一对母女的公主之旅

玛丽的女儿在 3 岁生日前，开始说“公主不跑步”“她们不穿裤子”和“她们不跳，因为她们是公主”之类的话。玛丽觉得这既奇怪，又令人不安。这个 3 岁的孩子没有上过托儿所或学校，也没有看过任何关于公主的电影，她是怎么知道这些事情的？这对女孩来说是事实。玛丽觉得奇怪的是，她如此迅速且确定地建立了这一知识体系。但是一个 3 岁的孩子按照这一体系生活很奇怪，所以她把它归结为一个阶段。

与玛丽交谈过的大多数家长都告诉她，这是一个阶段，它会过去的。同龄女孩的家长证实，她们的女儿也“喜欢公主”，而这个阶段最终会消失，请耐心等待。但年龄较大的女孩的家长有不同的话要说。一位家长说：“谢天谢地，这只是公主。到学前班时，吸引孩子们的将是最新的‘青少年明星、电影或电视节目’。每个阶段都会结束，并进入更令人不安的阶段，所以很高兴这只是灰姑娘。”

母亲做了什么？

- 玛丽围绕女儿对公主的兴趣，与她建立了联系。她提出问题，女儿的回答很明确：公主什么都不做，肯定不跑跳，大多是“等王子”。玛丽看了女儿的游戏，然后表明公主可以勇敢坚强，也可以跳跃和奔跑。她的女儿不买账，但玛丽没有放弃。慢慢地，事情往好的方向发展。
- 玛丽要求女儿的祖父母不要买公主玩具和产品，也不要给她看公主电影。玛丽建议，他们可以和她一起看适龄的其他电影和电视节目。她解释说，公主电影会让女儿遭受更多的灾难，因为每家杂货店、医生办公室和零售店都有相关产品，祖父母表示明白了。
- 玛丽开始写关于这个问题及她的解决方案的博客。在不到一年的时间里，她的博客有 6 万多名访客，这显然触动了其他家长。她意识到，在努力为女儿提供平衡的过程中，并不是只有她一个人在努力。她了解到，美国在儿童营销监管方面的规定很宽松，公司可以针对非常年幼的儿童进行营销，却很少考虑儿童、家长或更广泛的社会影响。

专栏 5.5（续）

- 当玛丽的女儿满 4 岁并进入幼儿园时，玛丽了解到教师仍然需要化解公主和媒体文化对儿童的其他影响。那一年，幼儿园将举办丰收庆典来庆祝秋天，倡导服装自由。教师告诉玛丽：“所有的男孩都会打扮成蝙蝠侠，而女孩们则以公主的身份出现，试图抓住他们的蝙蝠侠王子。”“这变得好太多了。”玛丽赞扬了教师举办丰收庆典的创意。

第六章

帮助儿童摆脱电子屏幕的操控：实践指南

对儿童进行适龄的媒体素养教育，即培养他们理解、评估和使用不同类型的媒体的能力，帮助他们从被电子屏幕操控转向对所观看的电视节目、玩的电子游戏以及使用的应用程序做出明智的选择。尽管，到目前为止，我们在媒体素养教育方面所做的大部分工作，仅包含年龄较大儿童的媒体素养教育［见《K—12课堂中的媒体素养》(*Media Literacy in the K-12 Classroom*)］，但本章将为培养儿童的媒体素养提供相关的建议。

儿童的媒体素养

媒体素养教育领域的信息和指导，不仅有助于幼儿教师以更有效的方式应对媒体和技术对儿童的发展、学习和行为产生的积极和消极影响，还可以为幼儿教师提供一些帮助儿童学习媒体素养的建议和指导策略：

- 管控儿童使用的媒体，同时筛选其观看的电视节目的类型；
- 运用工具来理解媒体所要表达的信息；
- 了解各种各样的媒体是如何产生的；
- 在儿童自身能力允许的范围内，帮助其熟悉使用媒体的相关方法。

儿童具有独特的学习和思维方式，因此教师在引导其对媒体做出正确选择时面临着极大的挑战。随着儿童的身心成熟发展，加之在经验成熟的成人的指导下，儿童的媒体素养会进一步得到提升。儿童对媒体的依赖程度越高，越容易不假思索地选择某一媒体，因此他们在媒体素养方面就越需要成人的帮助。儿童想要谨慎地选择玩哪种电子游戏、看哪些电视节目或访问哪些网站，就需要知道可能存在哪些风险。例如，在选择电视节目时，儿童需要知道哪些节目是可以观看的，可以在哪个时间观看哪个节目。儿童还应考虑选择某一电视节目后可能产生的后果。如果他选择这个节目，是否会有一些他无法观看的节目？他在节目播放的过程中或节目结束后会有怎样的感受？他会害怕，还是开心呢？如果他看电视，他能否同时做其他的事情？

也许儿童媒体素养教育的最大挑战是克服媒体本身的诱惑。例如，当儿童有几分钟的空闲时间，或者从一个活动过渡到下一个活动时，他们往往很容易被屏幕吸引——看电视上的节目或玩电子游戏。许多屏幕活动的快节奏和兴奋性确保了娱乐的即时性，而且不需要承担很大的风险。儿童很难抗拒这种强大的诱惑（很多时候对于成人来说也是如此），因此使用电子设备很快会成为一种习惯。关掉电子游戏、计算机和电视，对许多儿童来说是一种挑战。从被娱乐产品控制转变为主动掌控自己的活动是非常困难的。一个家庭创造了“PTVT”一词，即“电视后遗症”（post-TV trauma），以赋予这种经历以合理的解释，并想办法帮助儿童解决这个问题。

另一个挑战是商业媒体节目与儿童产品之间有关联。儿童媒体的设计是为了吸引并留住儿童的注意力。因此，动作变化快速、情节戏剧性强和充满暴力的场景变得越来越极端，诱导儿童不再看之前的热门节目。关掉游戏和应用程序也会带来类似的挑战，因为在游戏中总是只有一个目标——取得胜利。

此外，儿童媒体的营销策略是将节目中的人物做成与之高度相似的玩具，导致节目中的画面充斥在儿童生活环境中的方方面面。许多儿童在学校和商店里的所见所闻，会让他们想起曾经观看过的电视节目，曾经接触的信息仍在他们的脑海中回放。这些画面也高度渗透在儿童的游戏文化和同伴互动中，这进一步加大了教师帮助儿童监控自己对媒体的反应的难度。

这里介绍的很多指导方针和策略，都在第五章中有所说明。你可以利用这些策略，以有意义的、独特的方式解救困在电子屏幕里的儿童，帮助他们加以控制地使用媒体。如果你能在幼儿期以正确的方式帮助儿童恰当地使用媒体，同时帮助他们成为游戏的主人，那么他们在身心成熟后便能在使用媒体时做出更正确的选择。接下来的内容将更深入地描述和说明这些策略。

你能做什么：考虑和抵消媒体的负面影响

传统的媒体素养教育仅侧重于帮助儿童学习理解、评估和使用不同形式的媒体，本书则提供了更加全面的建议。也就是说，在本书中，我们将着眼于帮助儿童处理媒体和媒体文化对其产生的一系列影响，并且取其精华，弃其糟粕。我经常称其为“媒体教育”，而不是“媒体素养教育”。

促进由儿童掌控的活动

> 随着时间的推移，媒体素养会随着儿童的身体成熟度、已有经验和成人指导而逐渐发展。

正如我们在第三章中看到的，媒体和媒体文化会对过程性问题（与儿童如何在现实世界中学习和互动有关的问题）产生有害影响。为了帮助儿童解决这些问题，教师可以提倡由儿童掌握主动权，而不是被动地接受媒体的影响。当儿童试图模仿和复演媒体上的角色、图像和故事时，教师可以帮助他们加入自己的想法和行动，这样儿童就能逐渐成为活动的创造者，而不是电视节目、电子游戏和应用程序的模仿者。在第五章中，希尔达通过多种方式做到了这一点，孩子们提出了公主游戏的新规则，制作了服装和积木城堡，还创作了公主和王子的故事。

鼓励发现问题和解决问题

在幼儿教育阶段的许多活动中，大多数教师都可以给儿童提供发现问题和解决问题的机会。当儿童认为自己是问题发现者和解决者（例如，弄清楚如何使积木越堆越高且不会倒塌）时，他们就会对世界产生好奇，并对自己能够解决问题充满信心。解决一个问题会引出一个新问题，儿童在解决问题时会利用解决以前问题的技能来解决新问题。在这样的过程中，随着自身的不断进步，儿童会产生浓厚的兴趣，最终成为解决问题的“专家”。这种发现和解决问题的过程为问题解决缺失症提供了一剂良药，也为儿童在学校和生活环境中，成为积极主动的、有能力的学习者奠定了强大的基础（Levin，2007）。

然而，许多儿童接触的媒体和媒体文化会将他们引导到别人的剧本中，从而限制他们发现和解决自身问题的机会。要帮助儿童找出有趣的问题，并加以解决。教师可以通过定义问题并寻找解决方案的过程，逐步引导儿童，让他们尝试自己的解决方案，并观察方案是如何运作的。这个过程会减少问题解决缺失症，这已在第三章中讨论过。希达尔和孩子们讨论如何处理公主游戏中的冲突，说明了这个过程是如何进行的。

支持发展友爱关系与和平解决冲突

在幼儿阶段的活动中，有许多方法可以帮助儿童与同伴建立人际关系，从而为同情心缺失症提供良药。你可以在课堂讨论中引入此话题，设计全体儿童共同参与的活动，将压力情境作为检验因果关系的机会，并鼓励儿童接受别人的想法。这些方法都能帮助抵消儿童有时通过媒体获得的关于人际关系的负面影响。

在第五章的关于公主游戏的讨论中，儿童存在同情心缺失症的迹象。希尔达担心游戏中的刻薄行为会不断升级。由于儿童以自我为中心的思维，他们仅仅专注于当下自己最关心的一件事，不会考虑到自己的行为对他人产生的影响。希尔达在与儿童的讨论中，将建立人际关系作为其工作的核心部分。

重视并促进以儿童为中心的创造性游戏

正如第一部分所讨论的，如今许多儿童在家里很少开展游戏，部分原因是他们花费在屏幕上的时间太多。因此，当儿童与他人游戏时，他们可能难以提出自己的创造性游戏想法，这就是游戏缺失症的表现。他们通常需要成人的帮助，才能学会如何参与那些游戏，而那些游戏有助于他们成为积极参与的技能学习者。

在希尔达参与班内儿童的游戏之前，他们表现出游戏缺失症的部分特征。儿童过于关注模仿他们从媒体上了解到的关于公主的精彩内容，导致他们似乎无法在创造出真正的游戏场景方面取得很大的进步。这是希尔达利用第二次讨论，鼓励儿童想出如何控制和发展公主游戏，使之成为他们自己创造的东西的关键原因。她希望，随着儿童创造游戏，以及游戏本身变得更加复杂，它将抵消游戏缺失症带来的问题（第七章将详细讨论在屏幕饱和的世界中促进儿童游戏的策略）。

考虑儿童的发展水平

在努力消除媒体文化对儿童生活的有害影响方面，仅仅简单地告诉儿童如何思考和应对媒体信息的效果是不明显的。因为儿童尚未处于抽象思维阶段，难以建立因果关系。儿童只能理解具体的信息，而不是抽象的概念。他们需要用自己的方式，将教师教授的内容与其已有经验建立独特的联系。因此，你可以与儿童针对媒体问题一起开展实际操作的、以儿童为中心的交互式讨论和活动，这将会对儿童的行为、理解能力的发展，产生积极的影响（更多关于儿童思维如何影响媒体对儿童的作用的相关内容，请参见第二章和第八章）。

根据第五章所述，希尔达与儿童的讨论遵循了六个步骤，有助于儿童解决问题，并提出可行的解决方案。这个是以儿童为中心的问题解决过程，改编自成人解决冲突的方式（Fisher，Ury，& Patton，2011；Levin，2003），为儿童一起解决有意义的问题和个人冲突提供了非常有用的框架。它也可以用于促进和发展儿童的游戏。因此，它是消除问题解决缺失症、同情心缺失症和游戏缺失症的有效工具。专栏 6.1 概述了这六个步骤。

专栏 6.1

六步问题解决法

帮助儿童做以下事情：

1. 识别和界定问题。界定问题是重要的第一步，要思考什么样的行动可以解决问题。由于儿童思维方式的特点，他们很难将几部分的问题整合成一个有意义的整体。他们经常需要帮助来识别和界定问题。这一步的关键在于理解儿童的相关想法和感受，使他们感到被成人理解和认可。

2. 帮助儿童找出可能的解决方案，并探索解决问题的想法。要想形成一系列解决问题的办法，需要尝试建立因果关系，这对儿童来说是困难的。这意味着他们会提出许多失败的想法。但这没关系，因为会有下一步！

3. 找出可行的解决方案。因为儿童一次往往只关注一件事，很难脱离实物进行想象，因此他们在尝试之前很难想象一个解决方案将如何付诸实践。帮助儿童讨论可行的解决方案所涉及的具体行动，能够让他们做出明智的选择，并加以实施。

4. 选择每个人都同意尝试的解决方案。这里的目标是找到一个双赢的解决方案，让儿童有想法并付诸实践，确保所有参与的儿童都感到自己的观点得到了认可和尊重。重要的是，解决问题的方案不是教师强加给儿童的，而是他们都同意尝试的。

5. 将解决方案付诸实践。当儿童与同伴协调自己的行动，并确定这些行动将要产生的后果时，帮助他们确定如何开始。

6. 评估解决方案的践行方式，以及如何更好地运作。这能够帮助儿童认识到解决问题是一个持续的过程。在这个过程中，会出现各种各样的问题，所以我们应该学会接受错误，并尝试解决问题，然后使自己解决问题的能力进一步得到提高。

帮助儿童结合现实世界和虚拟世界中学到的东西

构建框架和树立常规能够让你直接参与媒体相关的对话，而不是任由儿童自行讨论。要帮助儿童意识到任何关于媒体的问题都是可以沟通的。许多儿童已经明白，成人对他们谈论的媒体问题不感兴趣。当你和儿童谈论媒体时，你要帮助他们用从家庭－学校－社会文化体系（如第三章所述）中了解到的信息，来解释他们从媒体文化体系中获得的正面和负面信息。希尔达运用这个策略来帮助那些关注公主的外貌及其应该做和不应该做什么的孩子们，将他们的活动引导到更亲社会、更具创造性的游戏中。

引导儿童开展关于媒体话题的小组讨论

第五章中介绍的关于公主的小组讨论，提供了具有建设性的建议，有助于教师与儿童围绕儿童最关心的话题建立联系，这会对儿童的想法和行为产生很大的影响。这样的讨论还能让儿童获得同伴的反馈，并了解到在同样的话题下其他同伴可能存在的各种想法和感受。了解这些不同的想法能帮助儿童思考新的可能性。虽然没有两场讨论是一样的，但希尔达借助于孩子们对公主的兴趣来获取信息，并培养儿童的技能，为我们提供了一个很好的案例。

行动策略　　专栏 6.2

与儿童进行交流，了解其生活中的媒体

向儿童询问他们的媒体经历和偏好，可以为你提供有关其生活中的媒体的重要信息。此外，儿童通过分享他们的答案和听取其他孩子的经历进行学习。以下是你可能会问儿童的有关媒体的一些问题。你并不能像审问一样，催促儿童一次性回答所有的问题，而要随着时间的推移，以对话的方式来表达你对儿童反应的真正兴趣。

1. 你喜欢看什么电视节目？你喜欢这一节目的哪些方面？

专栏6.2（续）

2. 你不喜欢看什么电视节目？你不喜欢它们的哪些方面？

3. 你在什么时间看电视？

4. 你怎么决定看什么内容？

5. 除了看DVD、玩电子游戏、使用应用程序等，你还在屏幕时间做什么其他类型的屏幕活动？

6. 你的家人对看电视或屏幕有什么要求吗？比如：你可以看什么？在什么时候看？看多长时间？告诉我关于它们的事。你认为这些规则怎么样？

7. 当你不看电视或不使用屏幕时，你喜欢做什么？

正如第五章的讨论所述，引导儿童针对媒体问题进行平等对话是一个挑战。很少有正确的方法能够做到这一点。这需要实践，需要承担风险，以及接受未知的讨论结果。关于公主和王子的讨论说明了有既定目标后如何开始提问。同时，根据孩子们的发言，你需要做好准备，为他们提供有意义的讨论支撑。本书中的其他平等对话也提供了许多例子。在引导儿童进行平等对话时，请结合以下策略和目标。

- 营造一种可以安全表达不同想法的氛围。为了让儿童有意义地讨论、思考和解决媒体问题，应创造一个能让他们安心地说出自己真实想法的氛围。否则，他们可能会鹦鹉学舌地说出他们认为成人想听的话，或者将自己置身于讨论之外。在一个安全的氛围中，儿童才能积极地反思所讨论的问题，并制定新的策略和方法（这也是这类讨论的真正目的）。
- 帮助儿童准确、流利地表达他们的想法，并通过平等对话与他人分享想法。儿童用他人能理解的方式来表达自身想法的能力尚处于发展初期。为了帮助儿童做到这一点，教师可以重述儿童所说的内容，并补充内容，使其更加明确。例如，如果一个孩子说“恐龙战队伤到我了”，你可以说：“你的意思是当你在户外的时候，一些孩子在玩恐龙战队的游戏，他们用空手道伤了你？”如果一个孩子说“我不伤害别人”，你可以说：“你的意思是当你玩恐龙战队游戏时，你不会用空手道伤到别人？”这有助于儿童理解谈话的内容，并帮助其跟随大家一起讨论。

行动策略　　专栏 6.3

针对识字儿童的媒体调查

让儿童根据媒体相关问题调查同伴。从班会开始，提出问题。每个儿童或儿童群体都有一个需要调查的问题。然后通过开班会，分享和讨论孩子们的发现。孩子们还可以将自己的调查结果绘制出来。

- 提出存在多种答案的开放式问题，并尊重儿童不同的回答方式。这种讨论的目标是帮助儿童逐渐学会成为电视的批判性观众和负责任的媒体用户。回答那些没有唯一的正确答案的问题，并倾听他人的回答，是儿童建立理解的一种方式。专栏 6.2 提供了一些开放式问题，将有助于你开展实践。请尝试提出一些后续问题，帮助儿童扩展他们所说的内容。
- 告知儿童存在多种可能的答案。不要把注意力集中在你认为正确或错误的答案上。帮助儿童根据他们能够理解的方式来探索可能的答案，并观察他们如何将自己的想法与行为相联系。
- 提出问题并提供促使儿童思维复杂化的信息或想法。帮助儿童学习新想法的一个有效方法是，以非评判性的方式提出具有挑战性的想法，而不是贬低或“纠正”他们的想法。例如，如果儿童说这些与电视有关的打斗游戏“只是假想的”，那么他们的老师可能会指出：“即使是假想的，有些孩子也确实受到了伤害。”这可以引导出更多关于什么是假想的、什么是真实的，以及如何在假想的情境下不伤害他人的讨论。

➢ 在可能的情况下，以具体的行动计划结束讨论。在产生一些具体的想法后，儿童能够学会如何把想法诉诸行动，进一步探索问题、解决问题，并改变他们的行为——这些都是应对问题解决缺失症和同情心缺失症的关键步骤，并将摆脱电子屏幕操控的行为转变为自主的行为。以这种方式结束讨论，向儿童传递了一个信息——他们有能力产生影响和改变事情。

行动策略 专栏 6.4

记录讨论

当你与儿童针对媒体问题进行对话时，记录讨论的方式不能将儿童的兴趣从讨论转移到录制技术上。稍后，你可以听录音，反思讨论进展如何，你从儿童的身上学到了什么，他们从你的身上学到了什么。有没有什么问题是你想问但没说出口的，或者有什么事情是你希望用不同的方式说的？使用这些信息可以帮助你了解如何继续开展工作。

专栏 6.5 展示了一个课堂讨论案例，关乎儿童在媒体上看到的东西以及他们的看法。这是几年前的案例，但时至今日，我们仍旧可以从中吸取教训。这些回答深刻地揭示了，儿童可能在媒体上看到许多成人认为不合适的节目。这些反应清楚地说明了，如何使用前面概述的指南引起丰富而有意义的讨论，从而深刻地展现儿童的理解和关注点。通过这种讨论，儿童能够谈论他们经常必须自己处理问题的重要经历。此外，教师能更多地了解儿童——屏幕内容以多种方式影响儿童的思想、情感和行为，以及儿童的反应是不可预测的。例如，通常被认为适合儿童年龄的节目可能让儿童感到不安。最后，这些反应说明了为什么成人与儿童保持交流，并针对他们生活中的媒体建立对话很重要——这样儿童就能安心地谈论问题，并感受到成人的支持。

专栏 6.5

课堂讨论：屏幕上的可怕事情

当 5—7 岁儿童和他们的老师讨论被允许和不被允许在家里观看的媒体节目时，一个孩子提到了一个她希望自己没有看过的节目。孩子们最后讨论了一个问题："你有没有看过你希望没有看过的东西？"以下是孩子们的回答摘要。他们描述的大多数事件都发生在他们年龄尚小的时候。

- 我的哥哥被电影吓坏了，但他说他没有。我的父母对我们能看的东西非常谨慎。
- 小时候，我在电视上看到一个小丑吃人的故事。我想看是因为它是关于小丑的。我真的很害怕。我的脑子里还记得那些照片。我没有告诉任何人，因为我是偷偷看的。
- 爸爸租了《捉鬼敢死队》(*Ghostbusters*) 这一影片来看。我做了整整一年的噩梦。我担心鬼魂会冲破墙壁，然后杀死我。妈妈也被吓坏了。
- 我看过《机械战警》(*Robocops*) 和《大白鲨》(*Jaws*) 的特写镜头。那家伙中了 30 枪。我睡觉的时候一直在脑海中放映这些片段。
- 我看过《恐怖角》(*Cape Fear*)。有一个杀狗的人。他喝醉了。他把一个女人带回家，将她铐在床上，咬了她一口。这并不可怕，但恶心极了。我是在朋友家看的，她的妈妈让她看很多恶心的东西。
- 我们看过《金银岛》(*Treasure Island*)。我一直在房间里进进出出，因为我太害怕了。
- 在小时候，我看了一个节目，我不记得节目的名字，但是节目里有很多枪和被枪杀的人。我担心我会被这样谋杀。
- 我真的被他们在《芝麻街》(*Sesame Street*) 上搬走的骷髅吓了一跳。
- 我过去常和爸爸一起看新闻。因为新闻中总会有人入室犯罪，我真的吓坏了。我的房间有一扇后门，我担心有人会进来。
- 我在很小的时候看过《小鹿斑比》(*Bambi*)，当它的妈妈被杀时我很难过。我记得每当晚上，我都会去妈妈的床上睡觉。
- 当我看到《小鹿斑比》时，我（一个男孩）真的很不安。我真的很害怕，而且哭了，但我的朋友没有哭。

帮助儿童更多地了解媒体

要让儿童参与和学习电视节目和其他视频的制作过程。考虑到儿童的思维方式，他们可能很难弄清楚自己在屏幕上看到的事物与其在生活中实际接触的事物存在哪些异同。了解媒体的各个方面以及它们是如何运作的，对于理解媒体与现实生活的区别是一个很好的起点。它还可以帮助儿童从媒体节目的被动消费者转变为更积极的思考者、实践者和学习者。

录制并试验声效

让儿童录制各种声音。他们可以回放这些声音，并判断这些声音听起来像什么，用声音玩猜谜游戏，结合这些声音编写自己的故事，并制作和录制自己的声音，从而给电视节目、电影或视频的片段配音。

使用手翻书

使用手翻书，帮助儿童探索动画和卡通。你可以购买简单的手翻书。年龄较大的儿童可以自己制作手翻书。

帮助儿童探索媒体节目的制作过程

- 鼓励儿童用文字和图片撰写脚本。通常，这种方法对儿童自己体验过或知道的特别有趣的经历最有效。
- 让儿童改写熟悉的、流行的剧本，让主角变得更热情、包容和友善，或让他们拥有一个更幸福的结局。儿童往往喜欢随意地表演自己的剧本。
- 用相机、手机或平板电脑拍摄儿童的作品。他们可以修改自己的作品，并尝试加入特效和声效。拍摄由儿童策划的非常简单的动作，可以带来有趣的结果。这有助于儿童更好地理解他们在屏幕上看到的一些东西是如何产生的。
- 借助于儿童节目的录制片段（包括你和儿童可能已经讨论过的媒体问

题，涉及暴力以及什么是假想的或真实的）来讨论节目的制作。例如，如果儿童开始谈论他们看到的角色所做的一些惊人的或暴力的事情，那么就请他们观看片段，并讨论惊人的事情是如何发生的，或者这个角色除了伤害别人还能做什么。

- 只播放录制好的节目中的一小段音频。请儿童猜测此时画面中发生了什么。
- 在没有声音的情况下，仅展示视频画面。请儿童预测声音会是什么样子的，让他们自己编排声音。
- 录制并播放儿童喜欢看的电视节目片段。使用几个特效来呈现奇妙的或不可能发生的事情，并鼓励儿童弄清楚它们是如何制作的。他们不必想出一个正确的答案，这里的目标是教会他们在观看节目时以及观看节目后批判性地思考。

帮助儿童学会自我掌控屏幕时间

根据儿童媒体调查所获得的信息（见专栏 6.3），通过与儿童进行交谈，你可以开始讨论并开展活动，让儿童对电视节目、电影、计算机游戏、应用程序和其他屏幕技术进行有意识的选择。让家长参与这个过程很重要。通过分享儿童媒体调查的结果，以及通过实时通讯、告家长书和其他沟通渠道，让家长知道教室里发生的与儿童和媒体相关的事情，以及你为什么要谈论这个话题。你可以与家长一起学习如何在家里使用媒体，了解他们是否对儿童使用媒体存在顾虑。（参见第四章的“给家长的一封信”和调查问卷。第十章将包含许多家校合作的其他建议。）

成人或儿童对媒体的优劣、是否可以观看或使用有不同的观点。当儿童对媒体选择的恰当性产生不同的想法时，成人应该帮助他们探讨可能导致分歧的问题。儿童越主动决定观看或使用什么媒体，这些选择就可能越有意义和成效。牢记与家长保持联系，这样他们就能以适合其家庭的方式支持这些工作（具体方法见第十章）。虽然接下来的专栏中展示了许多与看电视有关的例子，但它们同样适用于其他类型的屏幕使用情况。

行动策略 专栏 6.6

鼓励儿童写屏幕日记

要提供纸张和其他材料，让儿童可以自己写屏幕日记，记录他们计划观看的节目、玩的游戏或使用的应用程序等。然后，他们可以记录自己接触媒体的过程。

变体和扩展

- 阅读和写作能力不同的儿童可以用不同的方式写屏幕日记。刚开始阅读的小朋友和早期读者可以通过画图来进行表征。例如，列出他们计划观看的每个节目，然后在节目结束后将其圈起来；你可以帮助他们写下节目名称和其他信息。年龄较大的儿童可以添加额外的细节，例如日期和时长或一两句关于他们看了或做了什么的句子。
- 定期针对儿童屏幕日记的内容进行个人或小组讨论："你的计划进展得怎么样？有什么困难？哪些工作做得很好？你想改变你的计划吗？你的父母对屏幕时间有什么看法？"
- 通过讨论，儿童可以了解同伴的屏幕使用时间。他们可能会产生一些想法，改变他们观看或使用媒体的时间和内容，并扩展他们在屏幕日记中保留的信息。这里的目标是让儿童有意识地在屏幕选择过程中做出正确的选择，并有更多的工具来实现这一点。当这样做的时候，他们可能会听到其他同伴如何做他们想做的事情，例如，拥有更多的屏幕时间或看其父母禁止的节目。当这种情况发生时，重要的是要向儿童指出，不同的家庭会做出不同的选择。这个过程并不总是容易的，而且可能会产生压力。这也是与家长合作的一个重要原因，如果在家里出现这些问题，他们就会知道这些问题的根源。

讨论涉及所有类型的屏幕活动

现在有许多类型的屏幕活动可以占据儿童的时间。在许多情况下，屏幕时间在儿童的生活中占据越来越大的比例，然而他们没有意识到自己花费在现实活动中的时间正在慢慢减少。因此，当考虑与儿童一起讨论他们将在哪些媒体上花费多少时间时，重要的是，讨论要涉及所有类型的屏幕活动——观看电视节目和视频、玩电子游戏、使用智能手机或平板电脑上的应用程序、访问网站等——并帮助儿童决定如何在他们的生活中加入脱离屏幕的活动。

与儿童一起制定屏幕使用规则

允许儿童观看屏幕的时间因家庭而异。美国儿科学会（AAP，2012）建议，2 岁以上儿童每天的屏幕时间不超过 1~2 小时。无论家庭设定的时间限制是什么，总体目标是将儿童看电视的时间和其他屏幕时间控制在足够低的水平上，以免他们依赖这些活动来消磨时间。在大多数情况下，这意味着儿童使用屏幕的时间越少越好。

要与儿童一起讨论家庭的屏幕使用规则和限制，并与他们一起列一个清单。为什么家长要制定规则？规则是公平的，还是不公平的？要邀请儿童表达自己对规则的想法。因为儿童还处于逐步理解时间概念的阶段，所以他们仍需要你的帮助。通常，儿童可以对媒体节目或游戏的数量，以及每天观看或玩耍的时间，进行有意义的讨论。

专栏 6.7

________屏幕查看计划

即使在学习读写之前，儿童也可以制订自己的屏幕查看计划，将他们要观看的表演或节目，以及要玩的游戏画下来。成人可以帮助儿童写下姓名和时间。下面的样例可以供你参考。

星期

	活动 1 的照片	活动 2 的照片	活动 3 的照片
________	姓名________ 时间________	姓名________ 时间________	姓名________ 时间________
________	姓名________ 时间________	姓名________ 时间________	姓名________ 时间________

教师可以帮助儿童写一封信，让他们告诉家长，他们认为怎样的屏幕使用规则是公平的，以此与家长分享他们的讨论。要提供绘画材料，让儿童可以画出自己在家里遵循的或他们认为合适的屏幕使用规则。在许多情况下，让家长了解孩子的想法和感受，可以为孩子和父母进行有意义的讨论及合作制定屏幕使用规则铺平道路，帮助他们一起决定看什么以及何时看。

专栏 6.8

关于看电视的家庭规则

这张清单是学前班儿童在讨论看电视的规则时记录的。在一次后续的活动中，他们写信给父母，询问看电视的规则。在随后的讨论和活动中，他们探讨了其他类型的屏幕使用规则。

- 上学前不看电视。
- 晚饭后不看电视。
- 吃晚饭时不看电视。
- 不能坐得离电视太近。
- 不能为争夺看电视的最佳位置而争吵。
- 只能在周末看电视。
- 其他人正在看电视时，不能换台。
- 电视只能开到晚上 8:30。
- 不能因为无聊就打开电视。
- 禁止阻挡其他人看电视。
- 一天只能看两集动画片。
- 不能看恐怖的电视节目。
- 我们（三个孩子）目前还没有任何规则。

亲爱的________：

我们今天在学校里讨论了看电视的规则。我认为我们家也应该有一些看电视的规则。以下是我的想法：

爱你们的________

帮助儿童减少对屏幕的依赖

成功地限制儿童的屏幕时间的一个重要方法是，确保有吸引他们的替代性活动。要知道，儿童在屏幕上花费的时间越多，他们就越难控制和限制自己的屏幕时间。要引导儿童选择有吸引力的活动，而不是使用屏幕。想要在这方面取得成功，关键在于帮助儿童计划一系列令他们满意的活动，吸引他们的兴趣，满足他们的需要，发展他们的技能，并从根本上令他们满意。儿童很容易一时冲动就打开电视、电子游戏或其他电子设备，因此可以帮助他们学会提前计划在空闲时间进行其他活动。

分享相关的儿童书籍

作为无屏幕活动讨论的起点，专栏 6.11 中介绍了涉及屏幕问题的儿童书籍。教师可以向儿童提问，如果他们发现自己与书中人物的情况相同，如电视坏了、停电了，或其他突发事件使他们无法使用电子设备，那么他们会怎么做。然后，将儿童的想法列成清单或记录在图表内。

为自由时间的活动出谋划策

在教室的中心位置，张贴一张关于自由活动的清单。在整个学年中，将儿童的新活动想法添加到清单中。定期引导儿童讨论上周末（或前一天）进行了哪些无屏幕活动。列出儿童的回答，并要求他们集思广益，讨论他们可以做的其他事情。年龄较大的儿童可以记录他们在课余时间做了什么，同时记录屏幕时间和无屏幕时间。最后，他们可以制作简单的图表来呈现他们的统计结果。

与家长分享想法

教师可以给家长一份关于自由时间的活动的清单，并附上给家长的说明，或者把清单发布在班级的博客或网站上。教师可以鼓励家长与他们的孩子一起讨论清单上的想法，共同制定他们最感兴趣的、可能适合其家庭的、代替屏幕时间的活动。请家长在清单中补充适合其家庭的内容。

鼓励儿童互相学习

儿童可以分享他们的特殊技能和个人兴趣。教师可以建立一个让儿童互相学习的系统，确定一个固定的分享时间，并张贴一张表，以便儿童可以计划自己分享的时间。请注意，这种与其他儿童合作的方式，是一种非常有意义且适龄的方式。这有助于儿童学会站在他人的角度看待问题，从而消除同情心缺失的问题。

专栏 6.9

儿童观看电视的规则

以下是一些由学前班儿童制定的电视观看规则的图片示例，供他们与家人分享。教师还制作了一本儿童电视使用规则书，并将其放在教室的图书角里。孩子们制定的规则能够显现出他们从课堂讨论中学到了什么。例如，提出“禁止晴天观看电视”规则的孩子似乎意识到，在晴朗的日子里，孩子们可以在外面玩，而不是待在家里看电子设备。

梅雷迪斯的规则

一天看一集《亚瑟小子》和一集《神奇校车》

阿莉萨的规则

禁止暴力

安德鲁的规则

不看令人起鸡皮疙瘩的内容

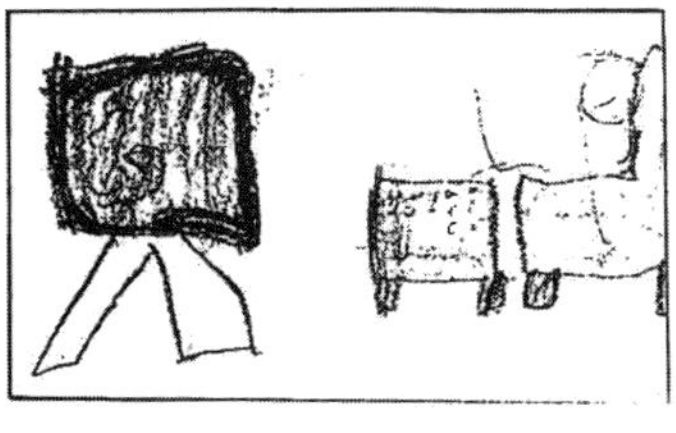

格雷格的规则

禁止晴天观看电视

专栏 6.10

二年级学生给家长的关于电视使用规则的信

二年级学生写信给他们的父母，询问关于看电视的规则。这些信件说明了本书中建议的活动如何适用于不同年龄和技能水平的儿童。

亲爱的家人：

我们已经了解在校孩子观看电视的情况。既然这周是“关掉电视周”，我们就来讨论一下在家里看电视的规则。我认为在家里看电视需要遵守这些规则：

1. 看电视时禁止讲话；
2. 禁止站在电视机前看电视；
3. 禁止看暴力节目。

让我们以家庭为单位来讨论这些想法，共同制定全家人都同意的电视规则！

爱你们的科里

亲爱的爸爸妈妈：

我们已经了解在校孩子观看电视的情况。既然这周是“关掉电视周”，我们就来讨论一下在家里看电视的规则。我认为在家里看电视需要遵守这些规则：

1. 禁止看肥皂剧；
2. 限制看电视的时间；
3. 禁止看电影。

让我们以家庭为单位来讨论这些想法，共同制定全家人都同意的电视规则！

爱你们的金 · 贝蒂

行动策略 专栏 6.11

如果电视坏了，你会怎么办？

教师可以给儿童阅读马特 · 诺瓦克（Matt Novak）的《老鼠电视》（*Mouse TV*）一书。虽然它写于多年前，但其中的信息仍然与现在的儿童有关。这个故事描述了老鼠一家在电视坏了时所经历的焦虑，以及它们如何解决没有电视的问题。如果没有《老鼠电视》或类似的图书，请提问：“如果你的电视坏了……”然后，你可以邀请孩子们做出回应。

儿童讨论这本书

一位学前教师大声地朗读了这本书，然后帮助儿童把他们关于“老鼠可以做什么而不是看电视”的所有建议都列了下来。她写下了他们的所有想法，即使它们与问题不完全相关，对讨论也没有明显的作用。接下来是他们的回答。他们可以：修电视、买一个新电视、读书、吃水果、骑自行车、玩积木、画画……

专栏 6.11（续）

在列出清单后，每个儿童都为自己最喜欢的想法作画，并将它们合并成一本大书，然后将这本书放入班级的图书角里。

在《老鼠电视》中，老鼠一家由于电视坏了，不得不去找其他的事情来做。如果你的电视坏了，你会做什么？请画图并说明。

如果我的电视坏了，我会玩与宇宙飞船相关的游戏。

在《老鼠电视》中，老鼠一家由于电视坏了，不得不去找其他的事情来做。如果你的电视坏了，你会做什么？请画图并说明。

如果我的电视坏了，我会与我的好朋友安德鲁和乔玩“海盗大战”游戏。

在《老鼠电视》中，老鼠一家由于电视坏了，不得不去找其他的事情来做。如果你的电视坏了，你会做什么？请画图并说明。

如果我的电视坏了，我会玩“红心纸牌”游戏。

蒂莫西

4 岁的孩子们画出了他们认为老鼠一家在电视坏了后会做的事。

达莉亚

它们可以玩洋娃娃。

专栏 6.12

无电视日或周末活动的儿童创意绘画

在学校的无电视周里，孩子们画出他们可以开展的活动（看电视除外）。令教师惊讶的是，许多孩子只是转向其他形式的屏幕时间。

除了看电视，我可以在电脑上下棋。

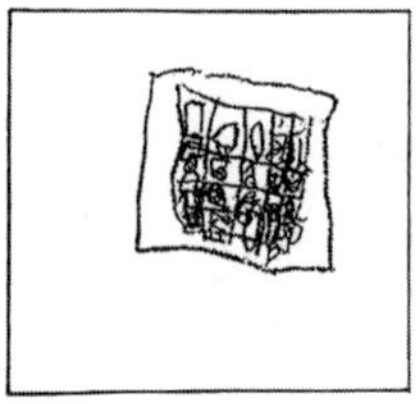

除了看电视，我可以拍摄视频。

除了看电视，我可以玩游戏机。

专栏 6.13

儿童互助表

这份报名表允许学前班的儿童学习新的活动，减少他们看屏幕的时间。教师插入了简单的插图，以便识字和不识字的儿童都能理解表中的内容。在这一年中，当儿童学习新的东西并与同伴分享时，教师会在纸上添加或删除活动。在课堂会议上，教师和孩子们定期讨论他们是如何帮助同伴的，并提出其他的帮助方式。

小老师	我能教	我想学
梅拉妮	跳棋 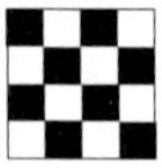	1. ______ 2. ______ 3. ______
贾森	吹泡泡 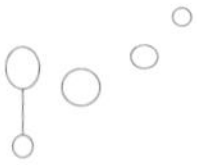	1. ______ 2. ______ 3. ______
普里塔	拼拼图 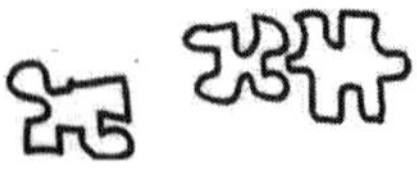	1. ______ 2. ______ 3. ______

专栏 6.13（续）

小老师	我能教	我想学
朱莉和德翁	拼乐高 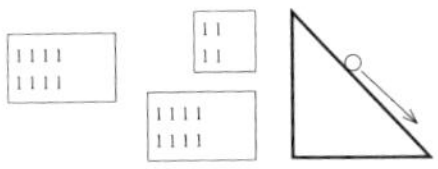	1. ________ 2. ________ 3. ________
阿瑟	画人偶 	1. ________ 2. ________ 3. ________
阿米娜	翻花绳 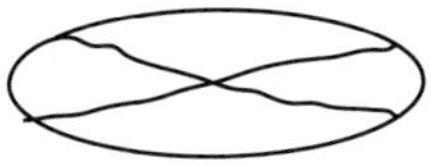	1. ________ 2. ________ 3. ________

帮助儿童摆脱电子屏幕的操控的价值

你可能会想：怎样把本书中建议的很多活动都纳入繁忙的课堂安排？考虑到现有的、正在进行的课程和早期学习标准，这可能是一个挑战，特别是在如今对教师的要求越来越高的情况下。

然而，正如我们将在接下来的两章中更全面地讨论的内容，抵消媒体和屏幕使用过程、内容产生的负面影响，能为儿童提供更好的学习基础，并使他们更加积极地投入学习。我曾与许多教师合作，帮助他们协助儿童自主选择活动。在课堂上开展本书中类似的活动后，教师们通常会松一口气，并发现儿童已经获得了积极参与学习过程所需的技能。这些可以使教师在教学的各个方面都变得更容易。

这些经验让我明白，幼儿教育政策之所以越来越重视基本技能的教学，可能是因为当今儿童与过去儿童的学习方式有所不同。也许当今儿童没有那么积极地参与学习过程，因为媒体和媒体文化正在影响他们的学习方式和学习兴趣。如果是这样的话，像许多学校所呼吁的改革那样，用远程的实践课程来教育儿童只会使这个问题持续存在。它不会帮助儿童学会积极地参与学习和创造意义的过程。如果我们真的想帮助儿童成为高效的学习者，我们必须制定策略，考虑被电子屏幕操控带来的影响。我们必须帮助儿童成为积极的学习者和批判性思考者（关于这方面的更多信息，请访问捍卫早教组织的官方网站）。

此处提及的所有活动，除了有助于教师解救困在电子屏幕里的儿童外，还为儿童的语言、阅读、写作、数学和科学学习，提供了丰富且有意义的教学方式。通过了解媒体活动与课程内容和学科领域之间的联系，教师可以提高自身的教学能力，并记录所开展的媒体活动带来的影响。

行动策略 专栏 6.14

在你的社区中组织无屏幕周活动

无商业化童年运动组织每年春季都会赞助并组织全国的无屏幕周活动。本周的目标是帮助儿童和家庭体验一周没有屏幕的生活，并反思屏幕在生活中的作用。它鼓励家庭考虑当无屏幕周活动结束后，他们希望在生活中对屏幕做出什么改变。学校经常开展特殊的活动，让家庭在一周内聚在一起。教师帮助孩子们思考和计划他们将如何度过这一周，然后孩子们需要分享这一周的经历和想法。

一个通用的《无屏幕周组织者指南》（*Screen-Free Week Organizer's Guide*）包含丰富的资源，能够帮助家庭度过一个不被电子屏幕操控的儿童周。

行动策略 专栏 6.15

在学校里举办家庭无屏幕夜

学校可以邀请儿童及其家长一起度过没有屏幕的夜晚。儿童、家长和教师可以在晚上——进行一些活动，比如烤面包、玩跳板；开展团体户外游戏，如跳绳、跳房子和抢凳子；欣赏戏剧、艺术或工艺项目，如制作袜子木偶。这些活动涉及可以在家里开展的亲子活动。如果这些活动很受欢迎，可以考虑每月举办一次家庭无屏幕夜。你可能会发现，许多家长和儿童非常期待并乐于计划每个月的无屏幕夜。

行动策略 专栏 6.16

一个特殊的无屏幕周活动：让儿童记录活动日志

在无屏幕周活动中，鼓励儿童写下他们所做的事情，而不是使用屏幕。以下是波士顿公立学校的一名三年级学生保存的无屏幕周活动日志的示例。

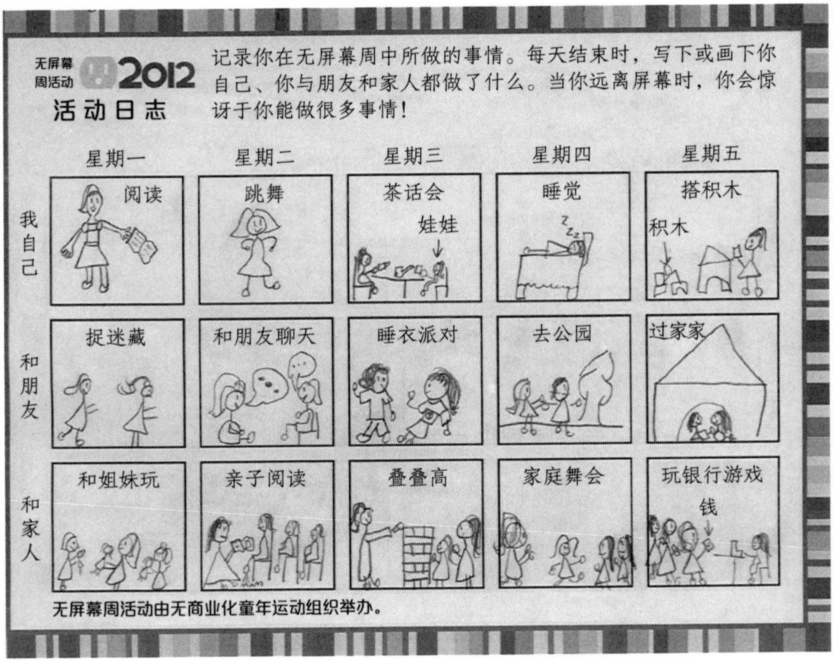

专栏 6.17 展示了关于制作电视节目的树状图，说明了许多课程中的活动与学科领域之间存在联系。在涉及具体的媒体活动时，制作这样的树状图，有助于你有目的地了解如何将活动与儿童学习的其他方面联系起来。

专栏 6.17

与儿童一起制作电视节目的技巧

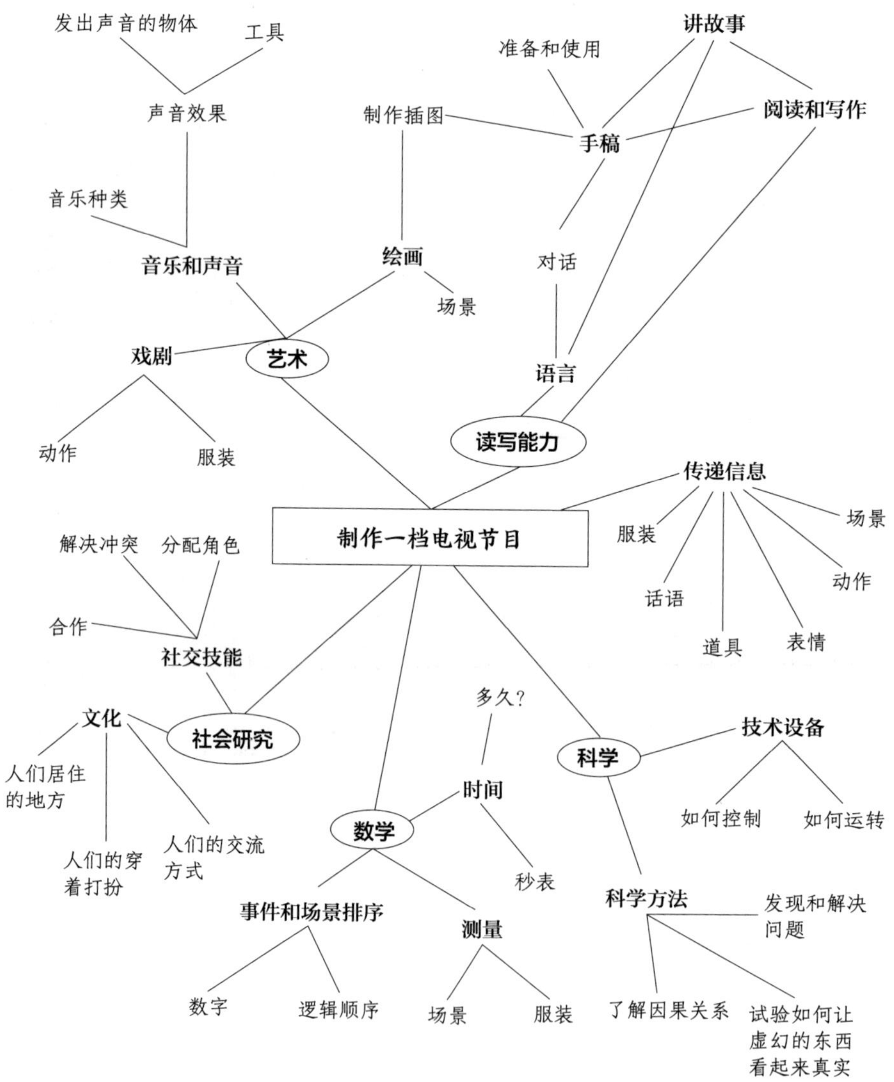

第七章

摆脱电子屏幕操控的游戏：帮助儿童成为有创造力的玩家

4岁的贾森是贾妮尔班上的一个孩子，他整天都在谈论蝙蝠侠。有一天，当得知不再有蝙蝠侠胶带纸后，他哭了起来。如果没有胶带纸的话，他不知道如何让自己成为一个“强力射手”，那是他喜欢戴着的腕带，“就像蝙蝠侠戴的那样”。他哭着说：“那我就没有力量了！”这个道具似乎对他的游戏至关重要。在过去的好几天里，他一直都在扮演蝙蝠侠，成为一名“强力射手”。弄清楚如何制作这个道具，需要大量的创造性思维和解决问题的能力，但是，一旦他制作了这个道具，他的游戏就变得单一，仅仅集中在奔跑、躲藏和射击上。由于没有胶带纸来制作道具，贾森似乎对如何玩和玩什么感到很茫然，即便贾妮尔已经向他介绍了教室里其他吸引人的材料。贾妮尔与贾森讨论了制作腕带的其他方法，但贾森似乎不愿意或无法考虑用不同的方式来制作腕带。

* * *

近3岁的萨莎最近开始玩她最喜欢的毛绒动物“霍皮”，她一次又一次地假装和它互动。她经常高声地向霍皮提问，并与它分享她做的一切事情。有时，她会假装跟霍皮分享她的零食。

有一天，萨莎问教师是否可以打开电视。当她的请求被拒绝时，她皱起了眉头，走到霍皮的身边，问它是否愿意看《托马斯和他的朋友们》(*Thomas & Friends*)。教师有点担心会发生一场关于电视观看的权力斗争，但萨莎却和霍皮一起坐在沙发上看空白的屏幕。她开始给霍皮逐一讲述她那一版的《小熊维尼》(*Winnie the Pooh*)的一章情节。“看，霍皮。维尼在飞！你觉得它想吃蜂蜜吗？”她将手伸到空中，将频道“切换”到芝麻街。随后她开始教霍皮数数。“听着，霍皮……一、二、三、四、五、六、七，就像这样。你也会数数吗？大鸟可以帮你数！”

游戏在个人发展、学习和学校成功中的重要性

游戏是儿童健康发展和学习的核心，是他们长大后成功掌握学术技能的基础[更多关于游戏在儿童发展和学习中的核心作用的深入分析和讨论，请参考《以游戏为中心的幼儿园课程》①(*Play at the Center of the Curriculum*)]。为了充分理解游戏的核心作用，我们需要了解游戏过程的性质和质量，以及儿童在游戏过程中学到了什么。儿童积极地利用游戏来实践新想法，适应新情况，掌握技能和获得经验——包括他们在屏幕上看到的东西。在这个过程中，他们建立新的想法，发展新的技能。他们还学会如何找到有趣的问题，以及如何以具有创造性的方式来解决这些问题。当他们这样做时，他们往往会体验到一种内在的力量和能力，这可能来源于他们自己积极解决问题的过程。他们知道“我能行”，这成为他们进一步探索和学习的强大动力。

儿童的游戏越是由他们的已有经验、想象力、能力和需要创造出来的，就越能充分促进其社会性、情感、智力的发展和学习。也就是说，当儿童在游戏中（作为编剧、演员、道具师、制作人和导演）控制所发生的事情，并

① 此书中文简体版已由中国轻工业出版社于2017年出版。——译者注

努力解决遇到的问题时，他们最有可能从游戏中学到很多东西。由于儿童是独特的个体，所以他们会对同样的游戏产生不同的经验和理解，每个儿童的游戏都是独特的。[更多关于幻想游戏的理念，请参考《想象：在商业化世界中拯救游戏》(*The Case for Make Believe: Saving Play in a Commercialized World*)。]

在关于萨莎的小插曲中，我们可以看到她所做的事情——当她遇到一个问题（不能看电视）时，她会和“霍皮”一起假装“观看”电视，设计出有意义的和令人满意的方式来解决问题（创造她自己的电视脚本）。她的解决方案借鉴了她之前对特定电视节目的经验和理解，运用了节目中对她最有意义的部分。因为她知道如何自己玩，如何创造自己的故事脚本，所以她能够应对无法打开电视的挫折感，并将其转化为一种学习经验。她的游戏说明了前几章所描述的解决问题和创造意义的过程，这是儿童有效学习的重要组成部分。

观察萨莎的游戏能够让我们更多地了解萨莎，以及她的发展水平、技能和兴趣，这有助于我们为她设计出适合的游戏和学习活动。她知道如何在物体不存在的情况下假装它们存在，并通过假装的动作表现真实的经验。这两种行为都是促进儿童阅读的重要技能。例如，萨莎知道纸上看起来像虫的线条代表字母，当它们按照特定的顺序组合时，就代表单词和发音。她对计数方法很感兴趣，并能按顺序使用数字（尽管我们也许还不能期望她理解一对一的对应关系，并将物体与数字联系起来）。我们还了解到，萨莎能够将她看到的电视节目融入她的游戏，弄清其含义并借此发展技能。她的游戏虽然基于她的“屏幕经验”，但不是被电子屏幕操控的，一种独特的创造会随着她的游戏过程不断发展。

然而，贾森展现出了一个不同的故事。贾森的脑子里有一个想法（蝙蝠侠游戏），直接来自他所看到的蝙蝠侠做的事情（用腕带发射强大的力量）。之前，他用胶带纸制作自己的蝙蝠侠腕带，解决了如何扮演蝙蝠侠的问题。

但他发现，如果他不能制作腕带，那么他就不能玩蝙蝠侠游戏。即使他能够制作腕带，他的游戏也是重复的；他反复使用腕带的暴力动作，没有建立在扩展游戏的基础上。他似乎无法找到新的、有趣的问题，也无法掌握新的技能和想法。他在这个过程中被困住了，因此他通过游戏来学习的能力受到了影响。（更多关于媒体暴力如何影响暴力游戏的深入讨论，请参考《战争游戏的困境》。）

> 当孩子们能够控制所发生的事情，并努力解决自己在游戏中的问题时，他们最有可能从游戏中获得更多的益处。

关于贾森在游戏过程中的行为和表现的描述与那些努力避免由数字媒体操控游戏的教师所描述的情况非常相似。对一些男孩来说，这种游戏通常源自电视节目和电影中的超级英雄。对一些女孩来说，这种游戏通常源自最新的青少年偶像或迷人的娃娃。教师们经常把这种基于媒体脚本的游戏描述为重复性游戏，即玩类似其他儿童玩的游戏。教师们认为，当儿童进行无目的的游戏时，他们很快就会感到无聊，而且他们像萨莎一样，很少深入参与游戏或塑造他们的游戏。这些都是游戏缺失症的典型特征。

贾森和萨莎处理媒体问题的不同方式，是教师判断媒体在多大程度上会阻碍儿童的游戏和发展的重要依据。基于此，我们有理由担心贾森的屏幕使用情况。根据这里给出的信息，他似乎被他在屏幕上看到的东西控制，不能脱离它们来创造自己的游戏，以促进他的学习和发展。相反，似乎没有理由担心萨莎对屏幕的使用，因为她能够把自己对屏幕的了解融入丰富且有意义的游戏，而不被屏幕控制。她能够通过游戏来满足自己的需求，并促进自身的发展和学习。

玩具在游戏和学习中的作用

儿童在游戏中使用的玩具种类会影响他们玩什么和如何玩，也就是影响他们玩的内容和过程。有些玩具比其他玩具更有可能促成高质量的游戏。随着时间的推移，开放性、非结构化的玩具（如黏土、积木、通用玩具人偶、娃娃和毛绒动物），往往会鼓励儿童用自己的方式设计游戏，以满足他们的长期需求。

相反，单一目的、高度结构化或逼真的玩具（如电视节目或电影中的战士和公主的衍生玩具），可能会限制儿童参与更复杂、更有创造性的游戏。

被电子屏幕操控的阅读是这样吗？

安妮塔班上的一个男孩科林告诉安妮塔，她错了，因为他不需要学习如何阅读。他刚刚收到一个能给他读书的玩具。安妮塔随后向他的父母询问了这个玩具的情况，他们告诉安妮塔他们非常喜欢这个电子书阅读器。由于这个玩具能给科林读书，所以他们并不担心他花太多的时间“玩”它，并且他们相信这将帮助他学会阅读。因此，他们甚至允许科林在他们准备晚饭或坐车时使用它。

近年来，正如我们在关于科林的例子中看到的那样，越来越多声称是玩具的产品被以某种方式融入技术。这些玩具会进一步控制儿童的游戏思维。儿童从他们的游戏经验中（包括在使用过的玩具中）建构自己的理解。然而，儿童从特定的经验中学到的东西，可能与成人认为和希望他们学到的东西大不相同。电子书阅读器的开发者顺应家长的期待，承诺它将促进儿童阅读能力的发展。尽管没有什么研究支持这种说法，但在科林看来，这让他摆脱了学习的压力！

当儿童不能掌控自己的游戏主题，并且他们模仿的内容是暴力的、与性相关的或具有其他的潜在问题时，实现儿童个人成长和提高整体幸福感的重要途径之一——创造自己的游戏并通过这些游戏来学习，可能会受到严重的影响。这种情况变得更令人担忧，因为相比于过去的儿童，现在的儿童会在家里花费越来越多的时间看屏幕。此外，在学校里，他们更多的是接受教育，几乎没有时间进行探索。本章的目标是帮助你制定一系列策略，确保儿童参与丰富且有意义的游戏，抵消媒体和媒体文化可能产生的限制性影响，从而促进儿童的最佳发展和学习。

你能做什么：鼓励创造性、儿童主导的游戏

在摆脱电子屏幕操控的游戏方面，没有任何一套公式能够解决此问题。相反，你需要一系列的策略，而这些策略要适应儿童的个人情况，要随着儿童的兴趣和需要进行调整和改变，并随着快速变化的媒体和技术环境而发展。以下的一些原则可以帮助你开展工作。我希望你在采取这些原则时，能结合自身的其他考量。

帮助儿童找到要解决的有意义的问题

要将发现的和要解决的问题融入日常的课堂生活，特别是在儿童游戏的过程中。这是促进儿童主动学习的核心。例如，你可以举起一些积木，对孩子们说："我想知道我能用这些积木做什么。""我想知道我怎么做才能让这个泥塑不倒。"

了解媒体如何影响或不影响儿童的游戏

哪些迹象表明儿童的游戏是被电子屏幕操控的？哪些迹象表明儿童的游戏没有被电子屏幕操控？哪些儿童似乎受媒体的影响最小？哪些儿童受到的影响最大，以及是如何被影响的？这就是我们可以从贾森和萨莎的游戏中获得的信息。这些问题和其他问题的答案将帮助你确定优先事项，并调整你所做的事情，以满足儿童的个人需求。

要思考如何解决儿童的游戏中可能由媒体严重影响而产生的问题。如果儿童的游戏经常与电视节目、电影或电子游戏联系在一起，那么你可以观察

他们的游戏，然后召开班会，讨论你所观察到的情况。要让儿童针对如何解决这些问题提出建议。

行动策略　　专栏 7.1

观察儿童的游戏

结合你收集到的信息来帮助你决定如何促进儿童的游戏。思考以下问题：

- 儿童的个人游戏能力、风格和兴趣是什么？
- 哪些内容似乎最能吸引和引起个别儿童的兴趣？
- 儿童在游戏时会从媒体中引入哪些内容？它是如何模仿脚本，又是如何反映儿童创造力的？
- 儿童认为哪种玩具最令人满意和最不令人满意、最吸引人和最不吸引人？
- 对比女孩的游戏和男孩的游戏，你看到了什么异同？
- 儿童的游戏出现了哪些问题？不同的儿童在游戏的什么时候遇到了困难？儿童在一起玩的时候又是什么情况？
- 儿童在哪些方面似乎最需要扩展他们的游戏？

鼓励使用开放性材料来游戏

要提供具有多种使用方式、儿童可以控制的玩具和材料，如积木、黏土和装扮服饰。从长远来看，以多种方式熟练地使用一些开放性材料，可以让儿童在游戏时更有效率。不过，当你给儿童提供开放性材料时，要注意在初始阶段中有些儿童可能需要你的帮助。此时，你需要帮助他们弄清楚如何操作，并帮助他们发现需要解决的有意思的问题。有时，一开始就可以提供一些逼真的玩具，如戏剧游戏区的塑料食品、医生用具，或积木区的小汽车和塑料动物玩偶。这些玩具仅仅给儿童提供玩的想法，与屏幕媒体中的故事无关。它们可以为那些不常使用开放性材料的儿童提供额外的游戏动力。

如果你期望在课堂中花更多的时间教授学习技能，但游戏并不被管理者或家长高度重视，那么请给出你的理由，说明为什么游戏很重要。要提供具体的例子，说明游戏如何有助于儿童掌握学习技能。

行动策略 专栏 7.2

玩具选择指南

在评估和选择儿童玩具及其他游戏材料时，请使用以下标准。

选择玩具	避开玩具
有多种使用方式	只有一种使用方式
促进创造力和解决问题，儿童可以决定如何使用它们	鼓励每名儿童以同样的方式玩，并解决玩具设计师界定的问题
可以在不同的年龄和阶段使用	设定在单一年龄或阶段
随着时间的推移，继续带来趣味性和参与感	看起来很令人兴奋，但短期内会让儿童失去兴趣
可以与其他玩具一起使用，创造新的、更复杂的游戏机会	引导儿童模仿他们在屏幕媒体（包括电视、电影、计算机和电子游戏）中看到的有限脚本（暴力、性化等）
促进儿童之间相互尊重、非刻板、非暴力的互动	加强性别刻板印象和非包容性行为，美化侵略和暴力

本指南由抵制不健康的儿童娱乐教师协会的成员制定。有关其他信息，请参阅该协会官方网站中“正确的玩具、媒体和游戏指南”及“正确的玩具选择指南”部分，以帮助你选择玩具和游戏材料，以及与家长一起工作时使用的材料。

帮助儿童根据自身经验创建游戏场景

儿童通常很难根据自身经验、兴趣和需要，在游戏中找到引人入胜的内容或剧本。有意义和吸引人的剧本能够使他们的游戏不同于来自媒体内容的、具有高度模仿性和重复性的游戏。教师经常说，当他们帮助儿童在媒体相关游戏中加入新颖的、具有个人意义的内容时（例如，参考恐龙战队的成员放学后常去的餐厅，创建一个相似的餐厅），儿童的游戏就会变得更有主导性和创造性。在某些情况下，这甚至可以帮助儿童完全脱离那些受媒体影响的游戏。

构建主题性游戏空间，如宠物店、兽医办公室、消防站、宇宙飞船（这特别吸引那些对科幻节目或《星球大战》等电影感兴趣的儿童）、餐厅或医院，为儿童提供许多将具有自身意义的内容融入游戏的可能性。专栏 7.4 中所列的道具可以帮助你收集与各类主题相关的游戏材料。

然而，即使有了开放性材料和相关主题，儿童有时也会陷入某种角色或剧本中。例如，一个孩子总是在娃娃家游戏中扮演母亲，做着例行的“烹饪”和照顾孩子的任务，而另一个孩子总是扮演父亲去“办公室”。成人引导甚至参与儿童的游戏，可以给儿童提供新的思路。我们要注意儿童的经验是有限的，他们可能不知道在兽医办公室或消防站里发生了什么。无论何时，只要你能提供具体的经验（例如，进行实地考察，或请专业人士分享他们的工作经历），儿童的知识库就会得到扩充，他们在游戏时就可以借鉴更多的直接经验。

行动策略　　专栏 7.3

主题：鞋盒套组

收集简单的材料和道具，围绕儿童感兴趣的特定主题来推广游戏。将每个主题的相关物品放在一个容器（如鞋盒）中。专栏 7.4 中的内容提供了一些想法来帮助你入门。

- 在教室里，围绕当前的课程主题使用鞋盒套组。其中包括相关的家居用品，以便儿童可以在家里扩展与主题相关的游戏。
- 将专栏 7.4 中的清单复印和分发给家长和其他教师。考虑送一个鞋盒套组作为礼物。建议他们为孩子们制作可爱的生日礼物和其他节日礼物。（抵制不健康的儿童娱乐教师协会的官方网站在其玩具选择指南中有关于鞋盒套组的其他建议。）

专栏 7.4

鞋盒套组的主题和内容示例

救援 / 急救

- 手电筒
- 黏性绷带
- 弹性绷带
- 悬带
- 眼罩
- 纱布
- 听诊器
- 外科口罩

办公室游戏

- 订书机（4 岁或 5 岁及以上）
- 打孔机
- 胶带
- 便笺纸、留言条或纸
- 小剪贴板
- 收据簿
- 标签纸
- 带旧钥匙的钥匙圈
- 钢笔 / 铅笔 / 记号笔
- 印泥和印章

侦探套件

- 放大镜（塑料透镜）
- 小垫子和钢笔
- 手铐
- 地图
- 绑带 / 黏性标签（标记线索）
- 小型透明塑料容器（存储线索）
- 印泥 / 纸张（用于指纹识别）

关于水的游戏

- 浇水喷壶
- 洗碗液喷壶
- 蜡笔皂
- 打蛋器
- 泡泡棒
- 塑料动物
- 塑料嵌套杯
- 海绵 / 毛巾
- 塑料滤水器
- 玻璃吸管
- 塑料滴管
- 透明塑料管
- 洗碗盘

自然探险家

- 儿童探索自然的指南——带有鸟类、树木和动物图片的书籍
- 小素描本和彩色铅笔
- 双筒望远镜
- 塑料放大镜
- 相机（玩具相机或真实的相机）
- 小背包

黏土

- 商店购买或自制的黏土
- 捣蒜机
- 塑料刀
- 木棍
- 木销钉
- 塑料盖子
- 小托盘 / 盘子
- 按钮 / 珠子
- 聚苯乙烯泡沫

熟面团食谱

2 杯面粉

1 杯盐

1 汤匙奶油（香料）

2 杯用食用色素着色的水

1 汤匙植物油

- 把所有东西都放在锅里。
- 用中火烹饪，不断搅拌。
- 当它看起来很厚时，关火，取出。

专栏 7.4（续）

自然探险家	黏土	熟面团食谱
• 口袋 • 可重复密封的小袋子 • 一袋鸟食 • 小型喂鸟器（如果设置正确）	• 微型塑料动物	• 当冷却到可以触摸时，揉捏它。 • 将其存放在密封的塑料袋或容器中。

创造鼓励有意义游戏的环境

创造和配置良好的环境，可以帮助儿童继续开展有意义的游戏。要提供有明确的标签、容易寻找和存放的道具，教师仅对材料提供建议，但不控制儿童的行为。如果你创建的区域中有一些新的或不同的东西能吸引儿童的注意力，那么效果会很好。例如，在某一天，把所有的蓝色艺术材料放在艺术区。在另一天，把所有的红色艺术材料放在艺术区，或者在积木区放置一篮子可清洗的毛绒动物。儿童需要有足够多样的道具，从而让游戏变得有趣，但是太多的游戏项目会分散他们的注意力，导致他们只是肤浅地参与其中。要记住，有些儿童可能需要你和其他孩子的直接帮助，才能想出有趣的活动想法。

每日开展户外活动

儿童在户外玩耍的时间越来越少。由于便携式电子设备的出现，越来越多的儿童即便在户外也仍然使用屏幕。在早期教育领域或其他领域，儿童的户外、大自然和粗大运动游戏的减少，以及儿童肥胖症的增加，都愈发引起人们的关注。人们也逐渐意识到，缺乏户外探索和游戏活动不仅会影响儿童发展的许多方面，也会对整个社会产生潜在的影响［想更深入地讨论这个问题并获得解决方案，可以阅读《林间最后的小孩：拯救自然缺失症儿童》（*Last Child in the Woods: Saving Our Children From*

Nature-Deficit Disorder）、《大运动游戏：肢体游戏对儿童的发展和学习很重要》（*Big Body Play: Why Boisterous, Vigorous, and Very Physical Play Is Essential to Children's Development and Learning*）、《聚焦儿童与自然》（*Spotlight on Young Children and Nature*），以及《重要的户外游戏：恢复儿童在户外游戏的权利》（*The Great Outdoors: Restoring Children's Right to Play Outside*）]。儿童越来越多地接触屏幕被认为是导致这些问题的原因之一。

但户外活动的时间并不只是在家里被缩减。越来越多的学校正在缩短（甚至取消）儿童的课间活动时间（Elder & Obel-Omia，2012）。在某些情况下，教师告诉我，儿童说自己很无聊，他们似乎不知道在无组织的户外时间里该做什么。其他教师表示，他们需要在教室里花费更多的时间对儿童进行系统的技能培养，这样的活动设置让他们感到很有压力，因此孩子们在户外玩耍的时间变得更少。

儿童项目可以在很大程度上削弱这种趋势。结合所处环境，以下内容包含可能帮助儿童从户外游戏中受益的活动。

- 给儿童尽可能多的游戏时间。有些儿童可能没有很多机会在户外玩耍，或习惯于通过成人主导的活动和屏幕活动来打发时间。这些儿童可能不知道在无组织的户外时间里该做什么。当你帮助儿童学会在室内外开展创造性游戏后，他们就能够为自己的户外活动承担更多的责任。你可以通过提供一些道具（如球），或建议儿童玩简单的游戏来帮助他们开始活动。
- 提供简单的开放性材料，促进户外游戏。专栏 7.4 中列出的自然探险家套组能帮助你开展户外游戏。
- 与儿童一起探索户外，亲近自然。
    - 在户外时，鼓励儿童运用大自然的材料，如树叶、树枝和石头（见专栏 7.5），进行游戏。它们为排序、分组等提供了无限的可能性。

- 在大自然或社区里散步，强调花园中特定的事物，如特殊的树木或花卉。
- 共同打造一个儿童能种植和观察的小花园。

专栏 7.5

石雕游戏：使用石头和科技来增强游戏和学习

教师不确定这是如何开始的，但有一天，她班里的几个孩子（包括女孩和男孩），在外面开始寻找和堆放很多石头。第二天，被收集的石头越来越多，参与的儿童也越来越多。教师走过去仔细看，一个孩子兴奋地说："我们会找到数百万块石头！"（百万是她知道的最大数字。）教师问她："你认为你们现在有多少块石头？"孩子们开始数数。在教师的帮助下，他们数到了"73"。孩子们按颜色和大小对石头进行分类，把它们排成一行，看看他们能排多长时间……其中的一些想法来自儿童，一些想法来自教师。

每个人都帮忙把石头搬进去，把它们放在空荡荡的沙桌上。一个孩子索要胶水和胶带，这样她就可以做雕塑了。其他孩子觉得非常感兴趣和兴奋，也加入了进来。随着这种建筑 / 艺术活动的继续发展，教师决定向儿童展示博物馆中由石头制成的雕塑，以丰富他们对艺术和雕塑的想法。

她从互联网上下载了一些图片，在班会上用笔记本电脑向孩子们展示这些图片。当孩子们看到一个雕塑时，他们想到自己用石头做了什么，并感到特别兴奋。他们开始讨论自己可以尝试的想法。最终，一个孩子建议开设一个雕塑艺术展，即在学校里创建一个展示区，其他人也表示赞同。除了拍摄特殊课堂活动的照片外，教师一直对使用技术感到犹豫。但通过分享网络图片的过程，教师了解到，精心策划和特殊制作的技术产物可以为儿童的游戏和学习做出积极贡献。此外，她从未想到游乐场里的石头是如此丰富的游戏材料。这让她开始思考环境中的其他材料，这些材料可以作为传统玩具的替代品。

借助儿童书籍推动游戏

教师可以利用儿童书籍生成吸引儿童的游戏想法和主题。与屏幕中的脚本相比，听故事和看书中的图片，可以给儿童更多想象道具和动作的空间。此外，将书中的关键元素改编成戏剧性的游戏场景，能够教会儿童单词、符号和动作之间的关系，并促进他们对所讲故事加深理解。

- 围绕主题建构的游戏可以将儿童熟悉的书籍作为一个有意义的起点，就像莫里斯·桑达克（Maurice Sendak）的《野兽国》（*Where the Wild Things Are*）中的迈克斯那样，建造一艘船来进行特别的冒险。
- 通过书籍引入一个全新的游戏主题，或拓展已经进行的特定活动。
- 给儿童读完一本书后，帮助他们制作道具，将他们的游戏与书中的核心内容联系起来。

实现共赢：推广高质量的原创游戏的意义

当想起困在电子屏幕里的儿童时，教师杰拉琳的脑海中想到了一个孩子——迈克尔。5 岁的迈克尔在课堂（学前班和一年级的混龄课堂）上，表现出他非常注重“酷”的态度。杰拉琳很快就发现，迈克尔从小就广泛接触青少年 / 成人中流行的媒体文化。在他的游戏中，他会模仿自己崇拜的说唱歌手（包括使用一些经常被证明有问题的歌词）。他也在自己的日记中“写”和画了这些歌星。

迈克尔很少和其他儿童一起玩。他努力用自己的“酷”来交朋友，但并不顺利，这似乎让他很烦恼。例如，有一天早上，当他走到楼上的教室时，他骄傲地指着自己最喜欢的篮球运动员代言的新篮球鞋。这让他和一个一年级的男生发生了肢体冲突，后者坚持认为这双炫酷的运动鞋是由另一个篮球运动员代言的。

两年来，杰拉琳努力争取获得迈克尔的信任，并帮助他在学校里体会到快乐和安全感。在一年级的春季，在一个创编故事的课程中，她的

> 努力似乎得到了回报。除了迈克尔之外，许多孩子都深受电视剧脚本的影响，难以讲述自己的故事。杰拉琳运用这个课程锻炼他们创造自己的故事和游戏场景，并自主学习。她希望他们使用简单的材料来创造自己的游戏和娱乐方式，做出选择并解决问题。她认为这将促进儿童参与高质量的游戏，并帮助家长更加重视儿童的游戏。
>
> 这个环节对迈克尔产生了很大的影响。他利用可回收材料，自制了一套鼓，这让他感觉自己是一名音乐家。在几个星期的时间里，他练习打鼓，组建乐队，并在打鼓这件事情上越做越好。他甚至说服了其他孩子加入他的乐队。在该学年即将结束的一天，迈克尔在他的反思日记中写道："我喜欢学校！"当被要求写出更多的原因时，他补充道（用不完全正确的拼写）："我假装自己在市中心。我拥有低音鼓、独奏鼓和高音鼓。"随后，他非常兴奋地写下他的想法，告诉杰拉琳："我很难学会装模作样。一旦我开始行动，我感觉很好！"

"装模作样"不仅有助于迈克尔感觉良好，还能让他明白深度学习意味着什么，以及如何通过游戏积极构建有意义的知识和技能。这使他有了真正想写的并愿意与他人分享的东西。拥有自己想写的主题，是儿童发展读写能力的一个重要部分。在迈克尔的案例中，如果他没有成功地超越自己对屏幕和媒体文化中的歌星的模仿，超越游戏缺失症和问题解决缺失症，那么这些事情可能不会发生。同样重要的是，请注意，教师并没有试图削弱迈克尔对表演音乐和模仿歌星的兴趣。相反，她帮助他转变这种兴趣，使他的活动变得更加自主。

为了在学校里取得成功，儿童需要学习如何将自己受电子屏幕操控的想法和行为，转化为有意义的和创造性的游戏，就像迈克尔所做的那样。他们需要深入寻找并解决自己的问题，这样他们才能体验到力量感和掌控感。在如今这个媒体饱和的世界里，我们经常需要帮助儿童完成这个过程，使他们不被狭隘的剧本和电子屏幕操控。当儿童深入参与游戏，并解决自己的问题时，游戏就可以成为他们学习基本技能（如识字和算术）的途径。

行动研究 专栏 7.6

课间休息的成功案例：定时的课间休息能够减少开小差的行为吗？

当我在惠洛克学院教授行动研究课程时，萨拉是其中的一名学生，她针对“30 分钟的课间休息是否会减少儿童开小差？”的问题进行了一项研究。萨拉在一所学校的一年级教室里工作，在那里孩子们没有课间休息。她注意到纪律问题似乎一整天都在增加，因此她想探索一下，如果孩子们在白天从正式课程中休息一下，那么会发生什么。她查阅了“课间休息有助于儿童提高学习成绩”的相关研究［参见《课间休息在儿童认知表现和学校适应中的作用》（*The Role of Recess in Children's Cognitive Performance and School Adjustment*）］。在学校管理者的许可下，萨拉在为期一个月的时间里设置了课间休息时间，以了解课间休息能否改善儿童在课堂上的整体行为。以下是她所做的和发现：

- 在引入课间休息的一周前，每天记录开小差行为的发生率。她发现，随着时间的推移，开小差的问题行为会急剧增加。
- 引入课间休息时间，让儿童在每天外出前讨论他们可以在户外做的事情。这样做是因为他们以前从来没有时间在学校里自由地开展户外活动。萨拉提供了一些简单的材料（如球），并介绍了儿童可以一起玩的游戏。
- 连续四周，每天都有课间休息时间。儿童似乎每天都能找到更有吸引力的事情。
- 在第四周，每天记录开小差行为。萨拉发现，与之前没有课间休息时的统计相比，儿童问题行为的总数减少了 50%。在下午时，问题行为不再急剧增加；问题行为在一整天里都很稳定。
- 将数据提交给校长，并获得了继续让儿童享有课间休息的许可。

萨拉已经回答了她的研究问题。课间休息有助于儿童变得更快乐，表现出更积极的行为，并在全天更多地卷入学习。

第八章

应对负面的媒体内容：暴力、性化和商业化等

几年前，凯丽给我看了一幅画，这是她所执教的学前班上的一个叫詹姆斯的孩子画的。这幅画上画的是一个长头发、大红唇的女人，旁边还潦草地写着“WWWWWWF”。当凯丽想帮助詹姆斯用文字写出其中的内容时，她让詹姆斯解释一下他画的画，他说他画的是一个“有大胸的职业摔跤女选手”。

凯丽对我说：“一开始我以为詹姆斯只是想表现得‘标新立异’，想要制造点麻烦。”但凯丽在反应过激前控制住了自己。她问詹姆斯对“摔跤女选手”了解多少。他睁大眼睛回答说：“昨晚在哥哥照看我的时候，我们一起在电视上看到了她。她就是这个样子的，这是一个秘密！”凯丽知道，詹姆斯的父母平时会谨慎地管理詹姆斯在屏幕上看到的内容，所以他们一定会对哥哥让詹姆斯看这样的节目（评级为TV-14[①]）感到震惊。但是詹姆斯看了这个节目。凯丽担心的是，詹姆斯似乎对他看到的东西感到困惑，她想知道他是不是因为需要与他人沟通，才画了这幅画。

① 美国电视节目分级的一种，指14岁以下儿童不适宜观看的电视节目。这里的TV是Television的缩写，中文意即“电视节目”。——译者注

我们已经探讨了一系列的策略，以及媒体文化如何影响儿童学习和与外界互动的过程。目前，我们需要更密切地关注影响儿童思维的策略，帮助他们处理从媒体的实际内容中获得的信息（如性化、暴力、刻板印象和商业化）。

许多家长担心孩子在屏幕上看到的内容，他们会根据内容评级（暴力、性化和脏话）或家庭认为重要的其他标准，来选择适合孩子观看的内容。然而，在詹姆斯的案例中，尽管他的父母做出了最大的努力，但有时孩子仍然会接触一些父母不想让他们看到的内容。

无论儿童看到什么内容（好的、坏的或丑陋的），他们都会努力去理解它们。他们将其与自己的已有经验联系起来，以构建有关世界及其运作方式的新观点。在这个过程中，儿童将自我形象、人际关系以及对他们来说重要的信息内化。这些经历有时会让他们感到快乐和平静，但有时会让他们感到困惑或担忧。有时他们感到自己很强大，有时他们也会很软弱。

儿童可能会试图用不同的方式来理解自己所看到的东西——在他们的游戏中（游戏对具有创造力的自主型玩家非常有帮助），在他们的艺术和文学创作中，以及在与他人的交谈中。然而，如果没有成人的帮助，放任儿童独自从他们的媒体经历中建构意义，他们可能会学到一些对自身和周围人有害，乃至对整个社会不利的东西。

儿童往往需要成人帮助他们理解并积极影响他们正在学习的课程。这并不是说要阻止儿童的媒体经历进入课堂，而是意味着教师要制定具体的方法来处理这些问题。例如：你可以每周和孩子们开一次会，让他们分享自己在屏幕上看到了什么或做了什么；你也可以策划一个特别的活动，让孩子们针对屏幕上的某些方面（例如他们最喜欢的节目、人物，或他们不喜欢的东西）进行作画，然后对他们的画作进行讨论。由于媒体内容可能会扰乱课堂活动和目标，因此在有些时候，你必须在课堂上设限。

你能做什么：解决一般性内容问题的指南

将儿童生活中的两种相互冲突的文化联系起来

当你制定与儿童合作和应对问题的策略时，请记住第三章中讨论的文化冲突。想一想儿童的言行如何反映出媒体文化所传达的关于性化、暴力或商业化的信息，以及这些信息如何不同于家庭、学校和社区希望儿童学习的且能让他们成为快乐、充实、有爱心的社会成员的信息。在你准备回应儿童的时候，试着帮助他们将媒体文化信息与家庭－学校－社会的文化课程联系起来。例如，在与詹姆斯讨论了他对自己的画的理解后，教师可能会说："嗯，在现实生活中，我不知道有哪个女人会这样做。你见过吗？看起来她们只是在电视上表演。"之后，她可能会观察詹姆斯的反应，然后做进一步的探讨。

围绕儿童提出的问题进行沟通

这一原则的核心是帮助儿童获得安全感，因为他们知道可以在课堂上谈论媒体内容。他们会学会信任你，而你可以帮助他们弄清楚自己所见或所做的事情。沟通是帮助儿童将媒体文化体系的内容与家庭－学校－社会文化体系的内容联系起来的必不可少的环节。通过沟通，你可以帮助儿童在深层次上体会到与他人沟通的意义——这是对抗同情心缺失症的重要部分。本书中的许多例子都说明了这种深层次的信任。

要帮助儿童在课堂上安全地提出与媒体有关的问题。当儿童提出媒体问题时，我们会通过自己的言行向他们传递信息——他们所做的事情是否合适。我认为，由于詹姆斯在教室里很放松，所以这鼓励他画出自己看到的摔跤表演，并与教师进行交流。如果凯丽让詹姆斯把他的画放在小柜子里，而没有进一步探讨这个问题，詹姆斯就会觉得，成人不会帮助他处理屏幕上的可怕或性化的内容。虽然你很吃惊，不知道如何回应儿童告诉你的事情，但你必须让他们知道，你可以和他们进行交谈。

专栏 8.1

解决一般性内容问题

当你与年幼的儿童合作时，请记住以下几点。

- 儿童的想法与成人不同。他们根据自己的发展水平构建想法。重要的是，要了解他们对相关问题的看法，以帮助他们建立有意义的联系。
- 你不能简单地告知儿童你对某个主题的理解，将“正确”的答案或思维方式灌输给他们。儿童通过将新信息与他们已知的信息相联系，逐渐形成想法。
- 你的目的是进行对话。这本书中教师和儿童之间的对话说明了如何做到这一点。
- 这是一个长期、持续的过程。虽然很少有教师会像希尔达在第五章中那样深入地解决儿童的问题，但许多问题可以在一段时间内的多个对话中得到解决。
- 没有两种情况或对话是相同的。例如，即使你正在处理的问题与第五章中的问题相似，你与儿童的对话也会有所不同，因为你所照护的儿童有不同的经验、想法、兴趣和群体动态。即使两名儿童看过同一个电视节目或电影，或者有相同的媒体玩具，教师与每名儿童的对话也会有所不同。
- 没有正确的方法或答案。有些教师有时会问我，当儿童提出棘手的媒体问题时，他们应该说什么或做什么。有些情况是有答案的，有些情况是没有标准答案的。虽然一个相关评论可能对一些儿童有效，但它对其他儿童可能不那么有效。有时候你会说点什么，然后你又有了新的想法。你可以回到一个孩子身边说：“我在想我们的谈话，现在我想说________。”你可以一次尝试一种方法或策略，然后根据上一个策略的结果调整下一个策略。

提出一些表达你感兴趣的开放性问题

当儿童提出与媒体有关的问题时，让他们参与讨论是很有帮助的，这样他们就能放心大胆地分享所有的细节。在詹姆斯把自己的作画动机告诉凯丽后，凯丽就是这样引导他的。这样的回应能够让你更加了解儿童的经历和对情境的理解，你所收集的信息将帮助你决定如何回应，以及下一步该做什么。

与儿童交谈

同儿童谈论与游戏、玩具和媒体内容有关的问题，可以成为你采取的固定策略。第二章中关于亨利对《星球大战》的理解的讨论，第五章中关于公主游戏的讨论，以及专栏 10.5 中关于看多少电视的讨论，都是很好的交谈模式。另外，专栏 8.2 中关于性别角色和玩具的书信也很有帮助。

专栏 8.2

致家长的信："我们的感官"课程

亲爱的家长：

教室仍然是一个忙碌的地方。在今年的这个时候看到这些孩子真令人兴奋。他们对彼此、生活常规、期望和自己，都感到很舒服。现在，当我们一起做项目时，儿童会产生很多有趣的想法。以下是我们关于感官的讨论，这些讨论说明了事情的进展。

作为关于盲人和聋人的课程的延伸，我们开始谈论眼睛和耳朵是如何工作的。我们还邀请一名医生到访，以帮助我们了解身体的这些部位。在准备的过程中，我投放了一些关于感官的书，供孩子们翻看。其中的一本书讨论了性别角色，并分析了男孩和女孩之间的相似之处。它消除了对女孩和男孩的刻板印象，涉及头发的长度、衣服的风格、玩具或游戏、情绪和擅长的运动。

在集体阅读这本书时，当我读到"有些人认为只有女孩玩洋娃娃，但诺亚是一个男孩，他喜欢照顾他的洋娃娃"这一页时，我发现孩子们感到很惊讶。随后我和他们进行了长时间的交谈，讨论男孩是否可以玩洋娃娃，人偶（主要来自电视）和洋娃娃之间的区别，谁会玩毛绒玩具，以及谁决定如何玩玩具。孩子们总是充满各种想法。事实上，这次谈话持续了三天。儿童之间的对话令人惊叹。接下来，我们想与您分享孩子们说的一些话。

专栏 8.2（续）

- “我以前认为洋娃娃只适合女孩玩，但后来我去了 M 家，他有一个洋娃娃，所以我改变了我的想法。对吧，M？”
- 几个男孩说：“我是男孩，我玩洋娃娃。”“我哥哥是男孩，他玩洋娃娃。”几个女孩提出：“好吧，我是女孩，但我讨厌洋娃娃。”
- “娃娃是给女孩的，人偶是给男孩的。”当被问及它们有什么不同时，孩子们回答：“有了人偶，你就可以战斗——你知道，将会有一场战争。而有了洋娃娃，你需要喂它们，给它们穿衣服，然后把它们放在床上。你知道，洋娃娃是与生活相关的。”当被问及人偶是否需要吃东西时，一个男孩回答：“不，这只关乎战争。”另一个男孩强烈反对：“特种部队需要吃饭和睡觉。他必须这样做，否则他就不会是特种部队的一员。”
- 一个孩子说：“广告试图让你认为玩具只适合男孩或女孩。他们试图诱骗你，这样你就可以买下它们了。”
- “由你决定如何玩玩具。你可以让芭比娃娃打架，就像你能让人偶打架一样。没有任何人或任何东西能告诉你如何玩玩具。”
- “你可以看电视。电视会告诉你如何使用人偶以及应该做什么。有时包装盒的背面也会有说明。”
- “人偶和洋娃娃的区别在于，人偶看起来总是一样的，而你可以通过换衣服来改变娃娃的外观。”
- “毛绒玩具就像洋娃娃或人偶一样，你可以用很多方式和它们一起玩。”
- “玩洋娃娃或人偶并不能决定你是男孩还是女孩。”

孩子们如此善于表达和思考，他们试图理解和接纳彼此的感受和观点，这给我们留下了深刻的印象。这种安全感让儿童自由地表达自己的感受（即使不是流行的想法），这似乎是这种课堂体验的重要组成部分。

我们希望您喜欢听到孩子们描述的特别体验。我们期待收到您的来信，并将随时向您通报新的事态发展情况。

谨上

帮助儿童根据游戏来理解屏幕内容

儿童越是善于开展创造性游戏，而不是模仿屏幕上看到的内容，他们就越能利用游戏来理解他们所见的东西，并且通过掌控游戏来学习新的知识，发展新的技能。第七章中的指南可以帮助你确保儿童学会以上述方式进行游戏。

我们能做什么：针对特定媒体内容的指南

性别刻板印象和其他有偏见的行为

儿童与媒体和媒体玩具有关的经历，可能会让他们接触许多刻板印象，包括与性别、种族和经济地位有关的观念。以下指南可以帮助你了解儿童可能会受到哪些刻板印象的影响，并帮助你支持他们发展健康的情感、正确的信念和行为。

鼓励消除性别刻板印象的游戏

正如第三章所讨论的，儿童从小就知晓了自己的性别标签——我是男孩或女孩。然后，他们开始确定哪些态度和行为与自己的性别标签相符。在通常情况下，他们会寻找最具体的形象和行为。这些形象和行为往往来自儿童媒体和与媒体相关的玩具，它们通常会狭义地定义性别。因此，许多儿童可能需要成人的指导，来扩大他们为自己构建的性别“认知”。下面是一些建议。

- 鼓励男孩和女孩一起玩。开展双方都感兴趣的活动，例如使用基于现实生活经验的开放性材料或主题，这能够为儿童的游戏提供共同的基础。如果儿童在游戏中需要一些帮助，你可以这样说：“萨曼莎想要帮助男孩们建造房子。她在这里可以做些什么？”

- 对于参与人数有限的活动，可以鼓励女孩和男孩都报名参加。例如，创建为男孩和女孩都保留名额的报名表。
- 尽可能选择不分性别的游戏材料。如果可能的话，选择有中性颜色的玩具。现在越来越多的玩具按颜色划分性别，甚至有粉色或蓝色的球和三轮车。教师可以提供同时吸引男孩和女孩的玩具。例如，将塑料动物与汽车和卡车一起放在积木区。正如一位教师发现的那样，当她在戏剧游戏区投放动物玩具并将该区域称为兽医办公室时，这些玩具更有可能同时吸引女孩和男孩。
- 提供描写男性和女性角色的各种经历、职业和情感的书籍和海报。
- 鼓励所有儿童探索通常吸引某一性别儿童的活动或区域。例如，如果只有男孩使用木工区，与孩子们讨论女孩是否可以在那里玩。为什么可以或为什么不可以？给女孩进入该区域的实际理由：“艾莎，看起来没有足够的床给你的娃娃睡。我想知道你是否可以在木工区里制作一些东西。”

> 儿童可以利用创造性游戏来理解他们所看到的东西，获得对它们的控制，并继续学习新的想法和技能。

采取对话的方式

你可以与儿童一起观察玩具的包装，并讨论其所传递的行为和刻板印象。年龄较小的儿童可以谈论图片所传达的信息，年龄较大的儿童可以讨论图片和文字。教师可以试着这样提问：“这张图片告诉你这个玩具是什么样子的？这个玩具体现了哪些男孩 / 女孩真正做或不做的事情？如果这个玩具被认为是女孩的玩具，男孩是否可以玩这个玩具（反之亦然）？为什么可以或为什么不可以？如何改造这个玩具，让男孩（或女孩）能使用它？”

专栏 8.2 所示的“致家长的信”是由一位学前班教师写的，描述了该班关于性别刻板印象和玩具的讨论。

帮助儿童审视其他媒体的刻板印象

除了媒体和与媒体有关的玩具经常描述的极端性别分工外，儿童还对种族、语言、经济阶层、人性善恶等问题存在刻板印象。这种类型的刻板印象不仅破坏了儿童逐渐发展起来的辨别以及尊重个体间异同的能力，还助长了有偏见的思维和行为。在我看到的课程中，“儿童媒体倡议”（Media Initiative for Children）项目是促进儿童欣赏人与人之间的异同的最佳例子。它是由北爱尔兰儿童组织和和平倡议研究所开发的，旨在帮助治愈北爱尔兰骚乱后的儿童。它将媒体以及人偶作为该项目的一部分。因此，它除了可以教我们开展儿童反偏见工作之外，还提供了一个恰当使用媒体的杰出案例［想要了解更多信息，请参阅相关网站，以及《在北爱尔兰幼儿园中发展尊重差异的文化》（*Developing a Culture of Respecting Difference in Early Childhood Centers in Northern Ireland*）］。

除了帮助儿童更广泛地定义性别行为外，还必须管控女孩和男孩可能通过媒体文化学到的具体内容（例如，强调女孩的外表和性感，以及男孩的强悍和暴力）。常识媒体的官方网站上有许多资源，可以用于解决媒体中的性化以及暴力问题。我们需要先制定处理性化问题的策略，然后考虑处理暴力问题的策略。

性感女孩：性化思想和行为

下文中关于解决性化问题的观点改编自《应对当今性化童年对儿童的影响》（*Dealing With the Impact of Today's Sexualized Childhood On Young Children*，Levin，2009）。（更多信息见《让孩子避免“性污染”》。）

帮助儿童了解性化图像

➢ 让儿童知道你对他们正在做的事情感兴趣。做到这一点的方法是试图理解他们的想法和感受。例如，当儿童假装约会时，你可以试着问："你对约会了解多少？你如何选择约会对象？你在约会时做什么？如果你没有约会，你会怎么办？到多大年龄可以约会呢？"从这些对话中，儿童知道他们可以公开地与你交谈，而不会感到尴尬、被嘲笑或受到惩罚。

- 纠正错误信息，并做出评论，积极影响儿童的思维。例如，如果谈到约会的问题，你可以说："在小的时候，有一个男孩（或女孩）朋友是很好的。但只有在长大后，男孩和女孩才会去约会。"
- 熟悉儿童正在接触的屏幕媒体和当前的流行趋势，包括吸引其注意力的玩具和媒体偶像。这将更容易使成人对儿童群体中出现的性化问题做出反应。
- 制定课堂策略来解决孩子们出现的问题。例如，正如第一章所讨论的，一个孩子因为没有公主午餐盒而不能坐在公主午餐桌旁，她感到很痛苦，教师则改变了孩子们选择午餐桌的"规矩"。第二年，教师要求家长尽可能地购买与流行元素无关的午餐盒。

保护儿童，使其在家里免受性化媒体及其产品的影响

你可以向家长提供以下指导和信息。

- 对儿童生活中的媒体和玩具，做出正确的决定。（第三章中的信是很好的范例，一位教师给家长写了一封信，介绍适合女孩年龄的生日派对。）
- 为儿童使用媒体制定规则。这可以防止关于媒体的持续斗争。
- 为儿童购物的内容、时间和方式制定准则，最大限度地减少儿童重复地表达"我想要……"。

砰，砰，你死了：虚假和现实世界的暴力

儿童接触暴力内容的程度各不相同，受暴力内容的影响程度也各不相同。有些儿童主要通过媒体、娱乐和相关玩具，以及新闻报道来认识暴力。另一些儿童则直接体验到了家庭和社区中的真实暴力。还有的儿童可能因为家庭成员与军队有联系而对暴力有所了解。儿童关于人类互动中的暴力的想法来自他们自身与暴力的接触。儿童不能明确区分什么是虚假的，以及什么是真实的。

如何全面解决直接接触暴力的问题不是本书探讨的内容。然而，这里的建议旨在为教师提供必要的理论基础，帮助儿童处理在你的课堂中出现的与媒体有关的暴力问题。

硬汉：娱乐暴力

当儿童看到娱乐暴力时，无论他们是害怕还是困惑，或是将其视为一种强有力的方式，他们都会努力去理解它。儿童需要关爱他们的成人提供帮助（American Academy of Pediatrics，2009）。你可以通过应对课堂上出现的暴力（不论是在游戏中，还是在游戏外），以及促进儿童形成积极的社会行为来实现这一目标。这里有一些建议。

与儿童所见的娱乐暴力建立联系

例如，当电视节目中的暴力以某种方式出现在儿童的游戏中时，你可以召开一次班会，类似于第五章中关于公主问题的班会，谈谈你所观察到的情况。你可以陈述你注意到的情况，询问儿童注意到了什么，并询问他们对如何解决这个问题的想法。这一点在决定如何解决儿童之间出现的冲突时尤为重要。在与儿童一起玩游戏时或结束游戏后，你可以使用专栏 8.3 中的信息来确定你想要推进和抵制的经验。

专栏 8.3

关于解决冲突的经验

运用这张表中的信息来检查儿童如何解决自己的问题和冲突。

儿童从暴力媒体中学习什么	儿童从现实生活中学习什么
将导致冲突的问题视为对方（坏人）的过错	将问题视为共同的问题和维持关系的一部分
只使用一种解决方案——通常涉及使用拳头或武器的暴力解决方案	寻找许多可能的解决方案，并能够使用语言来尝试探索它们
有一个赢家（好人），其他人（坏人）是输家	要选择一个解决方案，每个人都同意尝试，因为每个人都赢了
将暴力视为刚刚发生且始终有效的（没有任何有害后果）	尝试商定的解决方案，并通过直接体验后果来了解它是如何运作的
当坏人下次回来时，采取同样的解决方案	评估解决方案是如何运作的，以及如何使其更好地运作；利用学到的知识来处理未来的冲突

创造让儿童谈论媒体暴力的机会，认真倾听他们的想法

例如，当你计划在小组活动中引入这个话题时，你可以通过使用角色玩偶或阅读有关该主题的书籍，对你观察到的儿童游戏中的暴力主题做出回应。

开展讨论

我们可以运用专栏 8.4A 和专栏 8.4B 中的信，与儿童针对媒体暴力问题进行初步讨论。要邀请儿童对他们从信中学到的东西进行回应。在阅读和讨论其中的一封信后，你可以请儿童根据讨论内容的某个方面创作一幅画。画中的内容可以是他们认为暴力的电视节目或人物，也可以是他们认为可以代替暴力的节目，或者是暴力节目或电影的周边玩具。儿童还可以制作一张写着他们的想法的海报。年龄较大的儿童可以用文字描述他们的画。成人可以写下年幼儿童的想法，与整个小组分享孩子们的画。下面的画展现的是两个孩子对信件的反应。第一幅画是 4 岁儿童画的，第二幅画是三年级学生画的。正如这些画所示，儿童对媒体和暴力会持赞成或反对的立场。

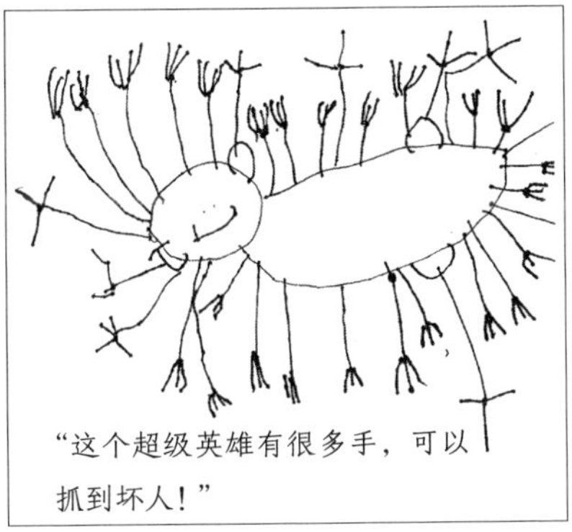

应对媒体相关的战争游戏，符合儿童的需求和教师的目标

许多教师和家长表示，他们希望在儿童的生活中禁止媒体相关的战争游戏和玩具。这是可以理解的。但请记住，仅仅禁止暴力内容并不能解决媒体暴力和玩具所造成的问题。（更多关于应对战争游戏的讨论或策略，请参考《战争游戏的困境》。）

禁止这种游戏往往只是把问题搁置在一旁，而没有给儿童表达关于媒体暴力的想法、感受和需求的机会，这让你对他们看到的暴力内容无计可施，也无法干预。出于这些原因，最重要的是通过游戏的方式，设法帮助儿童应对通过媒体接触的暴力内容。想要制定一种处理战争游戏的方法，教师可以做到以下几点。

儿童行动 专栏 8.4A

给学前班儿童的一封信：关于媒体暴力

亲爱的弟弟妹妹们：

我们已经是六年级和七年级的学生了。我们想告诉你们，我们担心电视上的暴力。在我们入校之前，成人告诉我们，电视暴力对我们有害。他们说，电视暴力让它们看起来像是有趣和令人兴奋的，并教会我们使用战斗来解决问题。我们厌倦了听到成人的唠叨。因此，我们决定自己了解更多关于媒体暴力的信息。我们调查了我们会看到多少暴力。

我们对电视、电影、视频和电子游戏中的暴力感到非常惊讶。在大多数节目中，好人一遍又一遍地与坏人战斗。任何事情都不会得到解决，也没有人因杀人而受到伤害或惩罚。这与现实世界不同，人们需要解决彼此的问题，这样就不会有人受伤或死亡。我们了解到，媒体暴力确实教会了我们，暴力是解决问题的最佳方式。我们一点也不喜欢这个“课程”。在大多数时候，当我们与朋友发生冲突时，我们不想伤害他们，因为我们关心他们。

所以我们一直在努力改变事情。现在，当我们看电视时，我们试图找到真正好的、不暴力的节目。我们使用电视节目表来帮助我们做出选择。我们在当地的图书馆里找到了好的视频。除了看电视，我们还发现了可以做的其他事情。我们已经开始给电视节目的制作人写信，把我们的想法告诉他们。

我们还试图向他人传授我们学到的东西。这就是我们要给你们写这封信的原因。

- 你觉得我们在信中说的话怎么样？
- 除了打架，你还能做些什么来解决与朋友的冲突？
- 你能做什么，而不是在电视、视频和电子游戏上观看暴力？
- 你认为成人和儿童应该如何处理媒体暴力？

感谢你阅读这封信！

青少年启智会成员

儿童行动 专栏 8.4B

教师给学生的一封信

亲爱的孩子们：

许多孩子真的很喜欢看电视和使用其他类型的屏幕。他们观看的许多节目和屏幕内容都有很多战斗。战斗似乎很有趣、令人兴奋，就像是解决问题的好方法。

许多教师担心孩子们在电视上看到的暴力。他们说，许多孩子在玩耍时表演了他们在电视上看到的战斗。教师们还表示，他们认为电视上的打架行为让更多的孩子在学校里通过打架来解决彼此的冲突。

孩子们经常回答："但我们只是在假装。这不是真的。我们只是在玩。"他们说，他们假装的暴力与真正的战斗不同。

但教师们说，当孩子们假装像电视里的角色一样打架时，其他孩子经常会受伤。有时，当这种情况发生时，孩子们似乎很惊讶。

一些孩子同意，当有人受伤时，他们会感到惊讶。他们说他们是好人，好人必须和坏人战斗。这就是他们打架的原因。

教师们看到，许多孩子都敬仰好人，并想做他们做的事情。因此，教师们认为暴力的电视节目教会孩子们——打架和伤害别人是可以的。

因为教师们担心电视中的暴力会导致孩子们受到伤害，所以教师们想让家长和孩子一起探讨电视暴力，并决定该怎么做，这样每个人都能保证安全。

- 你觉得教师们在说什么？
- 你认为成人应该如何处理电视和视频中的暴力？
- 成人可以做些什么来帮助儿童确保安全并学会不打架？
- 你能做什么？

感谢大家对这封信的探讨！

来自全国各地的教师们

- 确保所有儿童的安全。儿童往往需要成人的指导，学习如何以保证自己和他人安全的方式进行游戏。
- 促进儿童的想象力和创造性游戏的发展，而不是对媒体脚本的模仿。无论儿童会给游戏带来什么内容，他们都有机会解决旧问题，学习有意义的内容，并转向新问题。
- 为儿童提供替代暴力的内容，使他们的游戏超越狭隘的暴力焦点。例如，尝试问他们：好人和坏人喜欢吃什么？他们喜欢吃同样的东西吗？可以试着问：他们不打架的时候去了哪里？
- 帮助儿童通过其他与暴力无关的方式来感受力量。战争游戏有助于满足一些儿童感知力量和强大的需要。要寻找其他方式来满足这种需要，这样可以减少儿童对暴力游戏的需要。
- 试图减少儿童对高度逼真的媒体玩具的依赖。这有助于减少儿童模仿媒体人物和情景，降低玩具的外部吸引力，防止儿童沉迷其中。
- 提倡使用开放性玩具。儿童必须根据自己的想法来决定他们如何使用这些玩具，而不是被玩具控制。
- 提供机会，帮助儿童了解他们所看到和听到的媒体内容。无论是在游戏中，还是通过其他途径（如绘画或交谈），儿童都需要通过可接受的方式来理解他们看到的东西。
- 影响儿童正在学习的课程。当儿童展示他们的知识和想法时，你可以运用本书中提出的方法（如交互式讨论和冲突解决策略），来抵消负面的影响。
- 与儿童一起制定解决方案。例如，与儿童一起为他们的战争游戏制定准则。儿童越是经常和你一起决定“玩什么”和“怎么玩”，他们就越能学会创造丰富且有意义的内容。
- 建立家校联系。由于媒体和技术高度渗透儿童的游戏文化，教师和家长需要共同努力，一起解决并减轻儿童接触媒体所带来的负面影响。第三部分针对如何做到这一点提供了许多建议。

成功案例：驯服恐龙战队

学前班的戴维老师对班上的孩子使用了本章中的策略。例如，他不禁止孩子们玩恐龙战队游戏。但是，因为他找不到让孩子们在教室里安全地玩的方法，所以他只允许他们在户外玩。他定期与玩游戏的孩子交谈——关于他们玩什么，谁做了什么，以及他们还可能做什么。他努力确保孩子们玩的游戏都是安全的。当冲突出现时，他运用专栏 8.3 中概述的解决冲突的技巧，解决儿童的问题并提出双赢的解决方案。在使用这些策略后，3 个最热衷恐龙战队游戏的孩子进行了如下交流。

一群学前班的孩子在户外玩恐龙战队游戏。3 个孩子开始争论谁是恐龙战队要抓的"坏人"。当一个孩子把一个挣扎的孩子拖向"监狱"时，局势开始紧张。另一个孩子走过来，把手搭在另两个孩子的肩膀上，说："来吧！如果我们真的很想玩这个游戏，我们必须想办法解决这个问题！"

新闻中的恐怖事件

儿童经常通过新闻媒体来了解社区、国家和国际的重大灾难事件。有些儿童很难弄清楚他们所看和所听内容的意义。由于儿童的思维方式，他们对这些事件的理解往往不同于成人。儿童的理解会影响他们对世界及其运作方式的看法，这些看法有时会降低他们的安全感，使他们感到害怕。请阅读下文中关于儿童如何从媒体上的所见和所闻中构建意义的故事。

将新闻与现实生活联系起来

当一群幼儿在社区周边散步时，一名男子走到其中的一名教师面前，询问去某个街道的方向。教师很乐意向这位陌生人提供如何到达那里的信息。一个孩子哭了起来，他很担心，因为教师和一个陌生人说话！他听到父母谈论，最近有一个孩子在他的社区里被绑架了。当他问及此事时，父母告诉他不用担心；他只需要确保自己不和陌生人说话。

* * *

6 岁的娜塔莎在机场附近经历了一场小车祸，但就在那时，一架低空飞行的飞机掠过汽车。她变得歇斯底里，尖叫着说有一枚炸弹击中了她的车，因为“在战争时期，飞机会投下炸弹”。她的父母并没有意识到，在前一天吃晚餐的时候，他们的女儿对电视新闻中的战争报道特别关注。在车祸事故发生后，当她回到学校时，她仍然非常不安。教师听到她跟其他孩子说，有一枚炸弹击中了她的车。

* * *

一天，在一家托儿所的放学时间，一个孩子的父亲来接他的儿子，由于他一直驻扎在当地的军事招募中心，所以他穿着一身军装。突然，其中的一个孩子放声大哭，跑到教师面前。在教师安慰他的过程中，教师了解到这个孩子很害怕，因为他觉得将有一场战争和枪击发生，因为这是军人的工作，而他在电视上看到了这些内容。

［更多关于战争对儿童的影响的信息，详见《眼不见，心不烦，是真的吗？》（*Out of Sight, Out of mind. Or Is It?*）。］

帮助处于这类情况下的儿童处理他们在新闻媒体中接触的真实暴力，是一个特殊的挑战，决定了我们在其中扮演什么样的角色。教师很少接受关于如何帮助儿童解决这些问题的培训。当儿童自发地提出这些问题，或有可能做出更有计划的、有意识的反应时，几乎没有可用的资源来帮助我们弄清楚该怎么做。（关于对这些问题的创造性反应，请参考第九章中一年级教师开发的为期一年的“新闻”课程。）

出于种种原因，大多数教师会尽可能地避免处理这些问题。我们无法确定儿童可能会说什么，也无法确定这种对话可能会导致什么结果，这种想法很可怕，因为有可能会出现可怕的内容。我们想尽可能地保护儿童免受世界上的邪恶之害，尽可能地保护他们的纯真。我们担心说错话，担心会增加而不是抚平孩子的担忧。我们还担心家长和其他教师会对我们所做的事情有怎样的反应。

但是，与其他相关的内容一样，我们需要为孩子们提供指导以及安全的方法，让他们弄明白自己对所听到的暴力的感受、恐惧和想法。这里有一些可行的建议。

- 让儿童知道他们可以向你提出这类问题。值得信赖的成人在帮助儿童理清他们所听到的和需要弄清楚的内容方面至关重要。年龄较大的儿童通常会发现，如果每周有固定的交流时间，他们会知道自己可以提出并谈论这些问题，这对他们很有帮助。
- 认识到儿童对暴力的理解与成人不同。当你与儿童一起处理这些问题时，你要尽可能多地了解每名儿童知道什么、理解什么，以及正在努力理解什么，然后根据你所了解的情况做出回应。
- 向儿童保证他们的安全。当儿童听到一个可怕的或令人不安的事件时，他们往往会把它与自己联系起来。在很多时候，这会导致他们担心自己或亲人的安全。在可能的范围内，即使你不能使情况好转，你也要说一些令人安心的话语。要告诉孩子们，他们的父母和其他值得信赖的成人正在做一些事情来保护他们的安全。对许多儿童来说，这种保证是他们最需要听到的。
- 回答问题并澄清误解，但不要把你知道的所有新闻都告诉儿童。最好的指导方法是，每次由一个孩子带头分享一小段信息，借此观察孩子们的反应，然后决定下一步该说什么。这可以帮助你认识到与孩子们分享信息的重要性。面对诸如“你对此了解些什么？”之类的问题，孩子们往往能给你提供所需的信息，以帮助你确定如何让他们安心。
- 寻找机会，帮助儿童学习其他应对暴力的方法。直接做到这一点的有效方法是，根据儿童的亲身经历来举例。例如，你可能会说：“我很伤心人们通过互相伤害来解决问题。还记得你因为________对查曼非常生气吗？你并没有伤害她。你告诉了她________。”同样重要的是，要在课程中定期教授积极解决冲突的方法。
- 认可并支持儿童，努力理解他们在游戏、绘画、写作和其他活动中听到的内容。这与你所做的其他事情无关，但对儿童来说可以起到很好的疗效。那个害怕飞机轰炸汽车的孩子被告知，学校附近的飞机就像她去看望爷爷时乘坐的飞机一样安全后，她在积木区搭建了一架飞机，和其他孩子一起乘坐飞机。

认可并支持儿童，努力理解他们在游戏、绘画、写作和其他活动中听到的内容。

- 告知家长出现的问题，以及你与儿童一起为处理学校中出现的暴力新闻事件所做的努力。这将有助于家长更清楚地意识到他们的孩子确实听到并思考了新闻中的事件。这也可以让他们知道如何与孩子谈论其所听到的事情。
- 支持家长所做的努力。要帮助家长想办法限制儿童在媒体上看到和听到的现实世界中的暴力事件的数量。
- 采取与儿童对话和交谈的方式。第二章中关于星球大战的对话和第五章中关于公主的对话，为如何做到这一点提供了例子。在《暴力时代的幼儿教育》一书中，有许多与儿童针对娱乐和新闻中的暴力事件进行对话的例子。

“买、买”的童年：帮助儿童抵制广告的影响

如果不讨论针对儿童不断增加的营销工作，那么处理媒体内容的努力就不完整。媒体营销人员非常努力地吸引儿童的注意力，并让他们相信，如果他们拥有某个特定的产品，他们将变得更快乐、更漂亮、更受欢迎（更多关于如何向儿童推销各类产品的信息，请访问无商业化童年运动组织的官方网站）。在通常情况下，当儿童成功地得到他们想要的东西时，他们在一段时间内确实会感到快乐和满足。然而，一旦兴奋感和新鲜感消失，儿童就会寻找下一个能够满足其未满足的需求或新需求的物品。在许多情况下，下一个物品的媒体主题与儿童刚刚丢弃的那个物品有关。例如，另一个物品与最新的电视节目、电影、计算机或电子游戏及应用程序有关。

正如前儿章所讨论的，由于儿童的思维发展，他们特别容易接受在媒体上看到的广告。他们的思维也使他们难以理解抵制广告的影响所需的一切［关于儿童对消费主义的理解的更完整讨论，详见《消费儿童：对童年的敌意接管》(*Consuming Kids: The Hostile Takeover of Childhood*)］。尽管如此，你仍然可以做很多事情，来帮助儿童学习如何抵制广告的诱惑，并做出明智的消费选择。

帮助儿童学会做出明智的消费决定

要和儿童讨论他们对商业广告和产品相关节目的看法。一个有效的方法是，当儿童拥有他们在电视广告中看到的商品时，让他们比较广告中的内容与他们对产品的实际体验，参见专栏 8.5。

专栏 8.5

年龄较大的儿童可以学习的课程

这里有一个例子，展示了教师与三年级学生讨论玩具广告的结果。教师说，这项活动让她看到了这个孩子在这一年中最好的作品。这个例子表明，当儿童高度参与和有动机时，即使在可能不被视为“学术性”的活动中，儿童也会进行大量的学术学习。

请告诉我关于你在电视或杂志上看到某个玩具或食物后去买它，却发现它并不像描述的那么好的经历。

我买了一个航空母舰的模型，广告宣传它能容纳 18 个座位，上层有 21 个房间，而实际上，它只能容纳 2 个座位，上层也只有 9 个房间。

骗子！！！！！

为什么他们要撒这么过分的谎？他们为什么不能只撒一点小谎？为什么他们不能把它做得更逼真一点，而不是做成底部有洞的、看起来很蠢的垃圾？！

以下是一位二年级教师如何一步步地应对广告和垃圾食品的例子。他与孩子们一起，围绕他们经常发生的争论和苦恼，讨论哪些广告产品是最好的。儿童之间发生的事情清楚地表明，一次干预不可能否定广告的力量。孩子们不会立即获得做出负责任的决定所需的意识和理解，但我们可以帮助他们逐渐建立这些意识和理解。在第九章中，有教师与儿童一起解决营销问题的更多例子。

所有的可乐都不一样，那么你会如何选择呢？

在学校禁止午餐时喝碳酸饮料后，马库斯发现他的二年级班上的孩子们经常在午餐时抱怨这一规定，因为他们仍然想要喝可乐。有一天，他在午餐时听到孩子们在争论哪种可乐最好，哪种可乐是“正确的”品牌。根据马库斯听到孩子们说的话，“正确的”可乐通常是广告宣传最多的，也是许多孩子唠叨着让他们的父母买的。因此，尽管午餐时禁止喝可乐，但他认为，孩子们的争论提供了一个绝佳的机会——既可以开展消费者教育课，又可以进行味觉的“科学实验”。

一天，马库斯带来了6种不同种类的可乐，这些可乐都是孩子们以前在午餐时喝过的。他让孩子们戴上眼罩，品尝每一种可乐，并按最喜欢的到最不喜欢的顺序排列。在戴上眼罩后的味觉测试中，大多数孩子没有把他们之前说的“正确的”可乐列为他们最喜欢的可乐；事实上，当他们被蒙住眼睛时，一些“正确的”可乐是他们不喜欢的。在教师的引导下，孩子们得出结论：广告中看起来最好、最酷的东西，不一定是你最喜欢的东西。马库斯心想：“好极了！”

在随后的午餐时间，马库斯（带有一点负罪感）告诉孩子们，他们这次可以打破规则，在午餐时喝实验中剩下的可乐。欢呼声响起，然后孩子们开始争论谁能喝哪个瓶子里的可乐，大多数孩子都抢着喝实验前他们最喜欢的可乐——广告宣传最多的可乐。然而，一个孩子说：“嘿，等一下……让我们用眼罩来选择我们要喝什么可乐吧！”马库斯很受鼓舞。因此，尽管不是所有的孩子，但部分的孩子已经学到了教师希望他们学习的一些东西。对于二年级学生来说，他们的确已经取得了进步。

虽然家校合作是解决商业化和广告问题的重要部分，但在学校里开展上述活动时要支持和凸显家长所做的努力，并使解决这些问题成为同龄人文化中的一部分。本章中讨论的许多围绕媒体内容与儿童建立联系的策略也可用于解决广告问题。

第九章

屏幕之外：让儿童在现实世界中采取行动

儿童若想要成为负责任和有贡献的社会成员，那么他们需要学习如何以批判性思维来思考问题，以及如何积极参与社会活动。他们还需要相信，他们所做的事情真的能够为社会带来变化。但儿童是具象思维的思考者，他们在实践中学习。他们学习如何制订计划以及如何做，才能实现他们的目标。因此，当他们有许多机会采取行动，并意识到他们的行动会对他人和情况产生影响时，他们的学习效果最好。这是一种赋能的体验，与在屏幕上按下按钮或在屏幕上看别人做事的结果截然不同，尤其是对那些难以发现问题和制定解决方案的儿童来说（问题解决缺失症的一个方面）。

专栏 9.1 中的情景阐述了帮助儿童建立基础的过程，能够使他们成为积极的、有批判性思维的社会成员。

这个过程阐明了儿童如何学习做以下事情。

- 明确和了解他们真正关心并希望改变的问题。
- 制定具有创造性和可行性的解决方案——规划行动并思考如何实施，提供宝贵的认知挑战。
- 实施自己的解决方案，看看方案在现实中是如何运作的，用具体的方式记录自己的行动能否实现目标，以及如何实现目标。
- 为未来能做出更明智的决定，开发一套工具。
- 相信自己的想法很重要，相信自己可以对世界产生影响。

专栏 9.1

令人失望的礼物

一天，乔纳走进学前班教室，举起缺少一条腿的人偶（基于一部流行的电视节目和电影）。他愤愤不平地告诉朋友们，就在一周前，他获得了这个生日礼物，这是他最喜欢的礼物。但在他第二次和这个人偶玩耍时，它的一只腿掉了。他认为这不合理。其他孩子都深有体会，激烈地描述了自己的玩具破损的经历。

教师做了什么

由于孩子们对他们破损的玩具有强烈的感情，乔纳的老师建议孩子们第二天带上他们破损的玩具，在班会上谈论。

在班会上，孩子们详细地谈论了他们的玩具——介绍每个玩具及其破损的经历，当玩具坏了时他们有何感想，以及如何制作玩具才不会轻易被损坏。

然后，教师询问孩子们，他们可以对破损的玩具做些什么。孩子们热情地提出以下建议。

- “举行葬礼并埋葬它们。”
- “不要再买那些容易坏的玩具。”
- “要温柔地对待玩具，不要和玩具打架。”
- “在教室里建立一个‘玩具医院’，玩具可以在那里得到修复。”
- “把破碎的玩具带回玩具店，这样老板就知道哪些玩具太容易坏了。”
- “给玩具工厂写一封信，说他们不应该制造看起来这么好但容易破损的玩具。”

孩子们做了什么

教师帮助孩子们在班级活动区建立了一家“玩具医院”，孩子们可以在那里修理他们的玩具。（在教师的帮助下）他们还决定给玩具公司和玩具店写信，表达他们对玩具制作方式的感想。许多孩子都提出了可以让现有的玩具变得更好的想法。

根据儿童的经验和需要采取行动

儿童在实践中学习，他们的每一个行动都建立在之前行动的基础上，需要一定的时间和经验。因此，教他们如何采取负责任的行动是一个缓慢的过程。我们的目标不是向儿童展示思考或应对问题的单一方法（这往往是他们从媒体上学到的），而是教他们如何进行批判性的思考，并提出对他们有意义的策略，他们可以尝试这些策略，看看它们如何发挥作用。

你所做的努力越是与儿童的已有经验、兴趣和当前的发展水平相联系，他们就会学到越多。这意味着，要解决与儿童的直接经验和环境相关的问题，即关乎儿童日常生活中的人、物和事的问题。在本书中，有很多教师帮助儿童解决影响他们的问题的例子，既包括处理与媒体直接相关的问题，也包括处理影响儿童日常课堂生活的问题。例如，儿童围绕媒体和媒体文化的相关问题采取了一系列行动——专栏 9.5 中介绍了五年级和六年级学生如何帮助更年幼的儿童加深对儿童广告问题的了解。在第五章中，孩子们学会了如何在教室里扮演公主和王子，每个人都感到安心和被包容，这是他们围绕眼前问题采取的行动。要帮助儿童完成学习采取行动的过程，给他们提供机会，说出自己的想法，理清自己的思路，听取别人的想法，提出自己的行动计划，并试验效果如何，随后在理想状态下评估他们的计划如何运作，并考虑下一步如何修改，进而使之更好。

你能做什么：让儿童有能力采取行动，解决与自己有关的重要问题

在帮助儿童成功地将想法付诸行动方面，成人发挥着重要作用。有些儿童在学习如何采取行动以达到期望的效果时，比其他儿童更需要帮助。通常，那些表现出更多不良行为的儿童对如何做知之甚少，他们可能是最依赖

屏幕的人。要增加儿童采取行动的机会，使他们成为班级中负责任的成员，并使他们愿意且能够解决媒体和媒体暴力问题。请记住，他们提出计划的过程往往与他们的学习本身一样重要。本书中提出的很多建议以及行动策略，都可以促进这种解决问题和采取行动的进程。

当你度过平常的一天时，要观察儿童不得不采取的负责任的行动，以及他们如何做。请注意以下这些因素。

- 哪些是儿童愿意采取行动的过程，哪些不是？例如，经常爆发情绪或难以深入参与低结构化活动的儿童，可能需要成人的指导来解决问题。
- 对于哪些问题，你可以让儿童在决策或制定行动策略时发挥更大的作用？你可以如何帮助他们实现目标？

专栏 9.2

媒体如何削弱儿童参与现实世界的能力

媒体、媒体暴力和与媒体相关的玩具，通过以下几种方式，使儿童难以培养有能力地采取行动的态度和技能。

- 二手经验。当儿童看电视或使用其他屏幕时，他们与现实世界间接互动，经常被动地观察活动和接受其他人的想法。若想儿童成为现实世界中的问题解决者和积极的参与者，他们需要大量的第一手经验。
- 模仿游戏。当儿童的游戏基于他们在媒体上看到的东西，并且他们依赖与媒体相关的玩具，而不是自己的想法时，他们很少有机会尝试、观察自己的想法和行动如何影响世界，更不能体验胜任力和成就感。
- 暴力是体现强大的方式。许多媒体文化利用儿童想要感受强大和控制的需求来传递信息，即暴力提供了一种可接受甚至可取的方式来解决问题，并让人感到强大。这通常意味着，儿童没有体验到来自自身对环境和人产生有意义影响的真正力量，而是仅仅体验到来自他们模仿的媒体暴力的伪力量。
- 对媒体的依赖。儿童依靠从屏幕中学到的东西，而不是依靠自己的能力和技能来实现预期目标，可能会削弱其问题解决能力的发展。儿童需要自己与问题搏斗并解决问题的机会。

专栏 9.3

开展“新闻”课程

一年级教师们经常听到孩子们谈论新闻中的问题。教师们认为，他们应该经常与儿童讨论这些问题，所以他们开发了一个关于“新闻”的课程。孩子们每周要完成一份报告，展示他们想分享的新闻报道。该报告包含与新闻报道相关的画作以及文字，这些文字是由孩子们自己写的。然后，孩子们会在班级会议上分享他们的新闻报道。

课堂上出现了广泛的话题，从牙齿脱落、祖父母来访和宠物产子等个人新闻，到媒体中关于体育、天气、名人、犯罪、战争等的报道。当出现令人不安的话题时，教师们与孩子们讨论他们理解和认为应该发生的事情。例如，一个孩子谈到了一些在河里淹死的孩子。孩子们决定写一封信，表达他们对受害人和家属的同情。教师们把新闻报道放在活页笔记本里，这样孩子们就可以在全年回顾他们的故事——例如，时间比较久远的和近期的新闻报道，并准备属于自己的报纸。这个活页笔记本被称为新闻笔记本。

每周，教师们会在通讯中与家长分享该课程的关键方面。该课程几乎持续了整个学年，并以非常令人兴奋和创新的方式继续发展。

孩子们对新闻进行分类，并根据分类来整理他们在新闻笔记本上写的故事。类别包括家庭新闻、宠物新闻、体育新闻、天气预报、名人新闻和战斗新闻。

新闻报道示例

昨天，我差点用剪刀剪断我的手指。我被缝了10针。

- 科学

- 科学家们对恐龙有更深入的了解，他们发现粪便化石里有一些骨头。
-

- 他们发现一只猛禽在和老鼠打架。
-

专栏 9.3（续）

- 孩子们决定成为“记者”。为了像记者一样进行采访，他们写了采访问题，供那些采访学校教职工和家长的记者使用。受访者来参加班级会议，接受指定的两三名记者的采访，然后记者为班级报纸撰写报告。孩子们自己撰写报告，说明他们听到和写的问题如何得到解决。
- 一些孩子成为“编辑”，阅读其他儿童的新闻报道，在教师的帮助下修改拼写、标点符号等。其他儿童担任插画师，根据新闻报道进行绘画。

教师们很快意识到，孩子们在做新闻报道时，阅读、写作都发展得很好（并且越来越好）。他们制作了自己的新闻报道。虽然开展新闻课程意味着在更正式的读写课程上花更少的时间，但教师能够向学校的管理者表明，儿童正在通过该课程获得读写技能。

赋予儿童在媒体问题上采取负责任行动的权利

通过解决问题和采取行动的过程，帮助儿童了解他们的行动，及其如何对生活中的媒体问题产生有意义的影响。儿童在家里可以与父母或兄弟姐妹一起探讨他们在学校里遇到的媒体问题。例如，孩子们针对电视使用规则给家长写了一封信（见第六章），开启了家庭讨论，并针对可以看什么电视以及看多久进行协商。这有助于儿童将学校中关于媒体问题的讨论转化为在家里的实际行动。

在影响家庭对玩具（特别是与媒体相关的高度结构化的玩具）的选择方面，儿童也可以发挥积极作用。一位教师通过引导儿童讨论送给别人的礼物，促进儿童发挥作用。专栏 9.4 中的行动策略是对第三章中关于举办适宜的生日派对的有效补充。

行动策略　　专栏 9.4

不仅仅是一份礼物：把送礼物当作行动的机会

你可以举行一次班级会议，讨论儿童送给别人的礼物——例如，在生日派对上送给朋友的礼物。这提供了一个宝贵的机会，可以探讨一些重要的问题，例如儿童认为什么是好玩具和坏玩具、儿童关于消费主义的想法，以及从别人的角度（如接受礼物的人）来看问题（这对儿童来说并不容易）。

讨论的问题

- 你的家人会把送礼物作为生日派对等庆祝活动的一部分吗？
- 你如何决定送什么礼物？
- 什么是一件好礼物？
- 你怎么知道某人是否喜欢某份礼物呢？
- 你必须花很多钱才能送出一份好礼物吗？你可以送一些不花钱的礼物吗？
- 你可以手工制作什么样的东西作为礼物？（讨论第七章中的鞋盒套组，可能有助于儿童思考。）
- 你可以为别人做些什么作为礼物？
- 如果你要把玩具作为礼物，你如何知道这个玩具是好玩具？（第七章中的玩具选择指南可以帮助你进行相关讨论。）

后续行为

列出儿童分享的关于好礼物和坏礼物的想法。如果送礼物是家庭文化的一部分，请将清单发给家长，以便家长了解所讨论的内容，并帮助儿童在做出送礼物的决定时将他们的想法付诸行动。

专栏 9.5

通过与他人分享媒体课程而感到强大

这是一所学校开展的关于玩具广告和媒体的研究。五年级和六年级学生设计了一个小册子，并与更年幼的儿童分享。一群年龄较大的儿童在与教师一起精心准备后，从一个班级到另一个班级地给年龄较小的孩子朗读小册子，并与他们讨论其对小册子中的信息的反应。低年级教师在他们的附近，根据需要提供帮助，或跟进后续讨论中出现的问题。

儿童电视广告指南

这是一本手册，是我们媒体项目的一部分，是由萨拉和帕蒂老师带领的五、六年级学生创作的。它用于指示年幼的孩子在广告中寻求什么。在媒体项目进行期间，我们观看了大量的广告。对于此，我们不仅开展了班级讨论，还萌生了许多想法。这本小册子便是我们对于媒体项目的实践结果。

- 如果你是女孩，你不需要买“专属于女孩的玩具”，比如芭比娃娃；同样的，如果你是男孩，你也不需要买“专属于男孩的玩具”，比如一些人偶。没有任何所谓的“女孩玩具”或“男孩玩具”，因为你想买什么玩具都可以。女孩不需要因为广告中的产品是粉色的而喜欢粉色，男孩也不需要因为广告说男孩喜欢黑色而喜欢黑色。
- 广告并不能真实地代表儿童。在商业广告中，男孩只玩“男孩玩具”，女孩只玩“女孩玩具”，但是在真实生活中，这都不是真的，因为你能够随自己的想法玩任何玩具。虽然在广告里有很多白人孩子玩玩具，但这并不意味着在现实生活中玩玩具是白人孩子的专属。不同种族的孩子（比如黑人孩子、亚裔孩子、美国土著孩子）都可以玩玩具。

专栏 9.5（续）

- 听听广告播音员在广告的末尾说了什么。通常，最后说的是最重要的内容，而且他们往往会说得非常快，你就会因为没有听到而在配件和电池上花更多的钱。
- 关注玩具真正的功能。比如，有时广告中显示玩具可以自己动起来，但在真实生活中却不能。
- 广告通常不会标明玩具的价格，所以你要在决定购买之前查明价格。

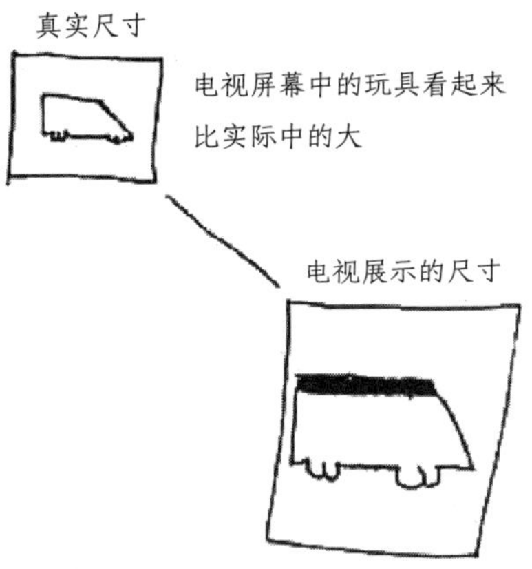

赋予儿童与他人分享知识的权利

随着儿童越来越了解媒体和媒体产品的消极影响，他们可以帮助其他人意识到这些问题。以下几种方法可以帮助儿童实现这一目标。

➢ 帮助儿童制订计划，促进家庭讨论，并决定如何更负责任地使用媒体。例如，一名儿童报告说，这样的讨论引发她的家人规定在晚餐时间禁止观看所有的屏幕，因而全家人每天至少有一个时间专注于彼此的互动。

- 为儿童提供与其他儿童交谈或写信的机会，分享他们对媒体和媒体文化的了解，如何改变对媒体和媒体相关玩具的使用，以及其他人如何改变他们的行为。专栏 8.4A 中的信提供了一个儿童这样做的例子，专栏 9.7 提供了另一个例子。

专栏 9.6

帮助儿童学会采取行动的指南

- 确保儿童知道，让世界成为一个安全的地方是成人的工作。虽然儿童也可以为确保世界的安全做出贡献，但儿童不应该认为他们的安全和幸福感只取决于自己的行动。
- 从成人的角度来看，儿童的计划可能不是最有效的计划。儿童不能像成人那样思考自身想法的逻辑。然而，只要安全得到保证，儿童可以通过尝试自己的想法来了解它们是如何运作的。
- 选择儿童可能因行为而获得成功的主题。例如，对儿童来说，围绕直接影响其生活的问题（就像令人失望的玩具那样），或者可能引起直接回应的问题（例如，给家长写一封信，讨论他们不喜欢的屏幕时间规则），做一些事情往往更有意义。
- 选择你可以与儿童分享控制权的主题。虽然你的意见对儿童的成功至关重要，但他们可能会采取与你不同的行动计划。

专栏 9.7

帮助儿童说出关于媒体暴力的想法

亲爱的［公司名称］：

我们的________学校的________年级学生正在学习关于媒体暴力的内容。我们写信给你们，是为了谈论［某节目 / 视频 / 玩具］。我们认为它对于儿童来说是［有利的 / 有害的］，因为

____

____

____

____

____

我们希望你们能够倾听儿童，并且［让这个节目保持现状 / 取消这个对儿童来说不健康的暴力节目 / 制作帮助儿童开展无暴力游戏的玩具］。

谨上

你所在的街道

你所在的镇或州

日期

亲爱的先生或女士：

我的名字是________，我是马斯顿米尔小学二年级的学生。我们班正在学习关于儿童与媒体的内容。

我写信给您是想和您谈谈您播放的《X 战警》这一电影。我认为这部电影对儿童不利，因为年幼的儿童可能会因为电影中的暴力情节而学着去打其他的孩子。

我希望您能够倾听孩子们的心声，并且放映健康且有趣的、适合孩子们观看的节目。

谨上

________［你的名字］

你所在的街道

你所在的镇或州

日期

亲爱的先生或女士：

我的名字是________，我是马斯顿米尔小学二年级的学生。我们班正在学习关于儿童与媒体的内容。

我写信给您是想和您谈谈您播放的《幸运狗》这一电视节目。我认为这档电视节目非常好，因为它告诉我们，不管是在书本上还是在现实生活中都不能有种族歧视。您应该每天都播放《幸运狗》，并且播放 10 小时。

我希望您能够继续为孩子们播放优秀的电视节目。

谨上

________［你的名字］

- 教导儿童针对媒体、媒体文化、营销和玩具的问题发表自己的看法，并采取措施，促进更广泛的社会变革。例如，他们可以给广播公司、玩具制造商和玩具商店，以及政府官员写信（年龄较小的儿童可以画图并口述），说明他们在课堂上产生的想法。请参阅专栏 9.7 中的儿童信函样本。
    - 儿童可以一起制作班级信件。这种方法尤其适用于尚未熟练写作的儿童，也适用于关心同一个问题的儿童。
    - 确保儿童有机会针对某个问题以及他们关心的事情表达一些积极的看法。
    - 鼓励儿童写下他们认为应该发生的事情，以帮助解决正在讨论的问题。

当儿童看到他们的行动产生了影响时，要帮助他们理解如何针对其真正关心的问题采取适当的行动，并相信他们的声音会被大众听到。

PART

03

第三部分

帮助儿童在教室外摆脱电子屏幕的操控

第十章

家校合作

大多数儿童不是在学校里，而是在家里接触媒体和媒体文化。因此，家校合作是解决这些问题的重要部分。当你和家长接触时，试着考虑实际情况和社会上的育儿压力。这些媒体或者媒体文化会使你的工作尤为艰难，甚至比之前更难。家长面临的挑战是巨大的，而帮助他们评估媒体文化对儿童的影响以及应对这些影响的信息是欠缺的。

当今家庭现状

多年来，在一些研讨会和讲座上，我邀请家长们填写调查问卷，其中包含关于媒体和育儿的开放式问题。自 1998 年出版《困在电子屏幕里的儿童?》以来，我从教师那里收集了他们就媒体问题与家长合作的经验类信息。根据这些资料，家长们表示：

- 对自己在家里用很少的努力但负责任地管控媒体使用感到满意。
- 对自己没有能力完全处理媒体问题感到内疚和难堪。
- 厌恶自己因未能保护孩子免受媒体和媒体文化的伤害而受到不公平的指责。
- 在担心孩子生活中的屏幕和觉得屏幕没问题（因为很多孩子都在使用屏幕）之间摇摆不定。

- 对专家提供的混杂信息感到困惑，其中一些专家会赞扬媒体和技术，甚至提倡年幼的儿童使用它们，而另一些专家则敦促家长要谨慎对待。
- 寻求更多来自社会的支持，以应对媒体文化。
- 期待获得更多有意义、易获得的信息，来支持他们决定该做什么及如何做。

诸如此类的反馈清楚地表明，许多家长都感谢专家提供的建议，并且从中获益匪浅，因为专家知道如何促进儿童的发展和学习。有谁比教师更适合担任专家的角色呢？家长想要更多地了解媒体和技术的使用如何影响孩子，并学习如何在家里更有效地处理这些问题。家长也想要教师支持他们培养健康、负责任的孩子。专栏 10.1 阐述了家长在管理家庭中的媒体时面临的一些困难和困惑。这也说明，即使家长真的对媒体文化中的每一个负面事物说“不”，也不能彻底解救困在电子屏幕里的儿童。这就是家长和教师在这个问题上开展合作的重要原因。

专栏 10.1

12 个还不能对媒体文化说“不”的原因

1. 仅仅说“不”并不能解决问题，孩子们仍会接触媒体文化。

- 媒体和玩具行业知道如何避开家长，使儿童可以直接接触媒体文化。
- 儿童文化中有家长不能接受的事物。

2. 如果说“不”，家长就会将自己与孩子通过其他媒体所看到的、做的和学的东西隔绝开。

- 如果家长放弃帮助孩子抵制媒体的负面影响，那么媒体和玩具等将会对儿童的学习和以后的行为习惯产生更为不利的影响。

3. 如果处在被媒体包围的环境中，孩子们应该运用某种方法，试着理解它，并且从中感受到其重要意义。

专栏 10.1（续）

- 儿童需要学习做一个批判性思考者，能够负责任地做出选择。
- 仅仅说“不”并不能帮助孩子们更好地应对周边事物，也不能让他们尽可能地健康成长。

4. 儿童需要学习如何能够成为做出负责任的选择的批判性思考者。

- 儿童在媒体文化中成长——他们需要主动寻找积极地使用媒体的方式，以此来促进其成长。

5. 家长不可能对所有事情都说“不”。

- 即使他们对大多数事情说“不”，他们一般也会觉得有必要对一些事情说“好”。尽管家长可能仍然不喜欢这些事情，但他们往往会同意儿童做那些消极影响较小的事情。
- 有害事物的数量和质量可能逐渐升级。

6. 说“不”是很让人疲倦的。

- 总有更多的事情需要说“不”。
- 儿童不会一直听话，所以执行“不”更需要时间。

7. 家长和孩子之间的疏离越来越早。

- 权力斗争在儿童的幼年时期就已经开始了。
- 孩子们会在可能的情况下偷偷地使用被禁止的媒体产品。
- 当孩子们进行家长不同意的活动时，他们会感到内疚。
- 儿童可能被迫在家长和朋友之间做出选择。
- 随着时间的推移，这种权力斗争可能会导致儿童抵制家长或其他成人的善意提醒。

8. 儿童往往会感到自己跟同龄人格格不入，因为他们的朋友已经被媒体控制，而且意识不到自己已经陷入流行文化的主题中了。

9. 只说“不”对一个复杂问题而言太简单了。

10. 说“不”是一个复杂的过程，有很多方法可以说“不”。

- 说“不”是一个动态过程，而不是静态过程。
- 了解如何以适合儿童发展的方式说“不”，并考虑到个别儿童、特定家庭结

专栏 10.1（续）

构和家庭文化背景的复杂性，需要进行更多的思考、投入更多的时间和精力来制定教育策略。

- 直白地说“不”的结果往往是成人赢、儿童输，但这不是一个能够解决问题的双赢的解决方案。

11. 让家长说“不”是将不公平的指责和负担推给家长。

- 当教师、社会、媒体等告诉家长说“不”是他们该做的事情时，家长会感到内疚。
- 家长不可能完全忽视或消除媒体文化对孩子的影响。
- 最有可能允许孩子使用电子设备的家长，往往是那些在生活中压力最大的家长，他们对儿童的屏幕使用时间或对其所接触的媒体的限制更少。

12. 告诉家长，说“不”会掩盖一个事实：我们需要整合资源、努力解决媒体和媒体文化给儿童和社会带来的问题。

- 家长、相关专业人士以及政策制定者往往很努力地制止流行文化对儿童的消极影响，但是商人在他们之间制造了一个阻碍，转变了他们带来积极变化的力量。

互相尊重和合作的力量

在教育过程中，要想找到一种适合儿童及其家庭的有效教学方法不是一件容易的事情。家长对媒体的使用问题有不同的看法。你和家长、孩子们一起解决媒体问题时，他们的兴趣、能力和资源水平也不同。重要的是，要提供表达不同观点的机会，并尽可能地努力寻找大家的共同点。本书中描述的教师与儿童一起应对媒体问题的对话和实现双赢的问题解决技巧，同样适用于家长。

例如，在第八章中有一个事例，我提到了一个孩子，当他看到另一个孩子的父亲穿着军装走进教室时，他会感到很不安。在与这个孩子的家长交谈时，教师提到这个孩子在电视新闻中看到过令他害怕的事情。这位家长看起来有点内疚，说："我们回家后会让他看电视，只有这样我们才能做晚饭。也许我应该让他使用我的手机，而不是看新闻。"教师对此做出的回应是，家长可以让孩子做其他事情来代替看电视，比如在厨房里玩乐高积木，学习如何帮助摆放餐桌，或做其他简单的事情（如帮助父母准备晚餐）。但是，如果家长说"我们没有发现电视新闻会给孩子带来不好的影响"，教师可能会放弃这个话题，并表示："嗯，因为这发生在学校里，所以我对孩子在家里的表现不是很确定。让我们保持密切关注，如果有什么事情发生，我们再谈这个话题。"这位教师可能会担心这带来的不良影响。她可以在尊重家长意见的前提下，继续观察孩子并处理其在学校里的问题。家长与教师间的沟通可能会让她密切关注孩子在未来接触新闻暴力后的反应。

越是与家庭、个人结成团队来一起面对媒体问题，越能成功地对儿童产生积极的影响。除了通过努力之外，当儿童看到家长对媒体使用问题进行讨论和合作时，他们会更愿意接受家长对于媒体使用所做的努力。另外，家长能够了解他们的孩子所接触的媒体和科学技术，甚至在到访其他儿童的家时，更有主导性和针对性地进行管控。

行动策略　　专栏 10.2

消除家庭可以自己做所有事情的神话

在你的教室里或学校网站上发布专栏 10.1 中的信息，并与家长分享这些信息，让他们知道处理媒体问题是一项共同责任。这可以帮助家长信任并支持你与他们合作，共同制定策略来应对媒体对家庭和儿童的影响。

你能做什么：家校合作解决媒体问题

与家长建立可持续的互动关系

在课堂简报、博客或网站上，甚至在家长日间或晚间会议上，教师可以与家长定期交流儿童接触媒体和使用科学技术的问题。除了这一章和下一章中关于家校合作的具体想法和实践案例外，你还可以采用本书中的其他方法来建立家校联系。当你与家长针对这些问题进行讨论时，一定要考虑到不同家庭文化背景下的家长对儿童的期望，以及对儿童发展的需求。

专栏 10.3 展示了一名教师在学年初寄给家长们的一封信，该教师在信中邀请家长与其一起解决媒体问题。

专栏 10.3

教师的信：邀请家长一起合作

亲爱的家长：

越来越多的人意识到媒体和科学技术对儿童发展、学习的影响。我正在尽一切努力来了解相关信息，并尝试在课堂上有效地解决相关问题。我希望你们读完这封信后，我们能够一起找到在这个重要问题上开展合作的方法。

长期以来，你们被告知的是，管理儿童生活中的媒体和科学技术的使用仅仅是家长的工作。我认为这给你们带来了不公平的负担。此外，对于家长来说，这是非常严峻的问题，因为你们无法自己解决。这加大了你们养育孩子的困难，这会给所有人带来压力。我们应该整合多方资源（包括医生和教育工作者），动员全社会努力解决这个问题，帮助家长分担压力。

我将随时告知你们，儿童在课堂上所做的活动，以及你们可以如何提供帮助。我也欢迎你们提出想法和意见。家校合作越紧密，就越能帮助儿童应对当今媒体带来的问题。同时，这里有一些想法，可以帮助你们思考什么可能有用。

专栏 10.3（续）

屏幕的应对策略

- 将电视机和其他电子产品放在儿童的卧室外，放在公共场所里。
- 限制儿童使用屏幕（包括所有种类的屏幕，涉及电视节目、电影、计算机和电子游戏、平板电脑、电子阅读器和应用程序）的时间。
- 尝试针对儿童如何以及何时使用屏幕制订计划。
- 选择能够促进儿童积极发展的节目、电影、游戏、音乐、应用程序以及其他内容。注意某些公司研究的产品可能并不像其宣称的那样具有积极意义。
- 尽可能地限制儿童观看暴力节目或其他不适宜观看的节目。
- 如果可以的话，和孩子一起使用电子产品。
- 与孩子讨论和分享他们在电子产品上看到的东西——诸如，什么是真实的，什么是虚拟的，如何区分广告和节目，如何在不使用暴力的情况下解决冲突，以及你和孩子喜欢或不喜欢屏幕上的哪些内容等话题。
- 选择能够促进儿童创造力的多样性玩具，并让儿童保持一段时间的兴趣。
- 提供各种书籍和写作材料，提高儿童的读写能力。要经常与你的孩子一起阅读。
- 尽量避免购买与广告或屏幕上的内容直接相关的产品。
- 与祖父母和其他家庭成员或其他家长讨论这些问题，分享你学到的有效策略。
- 在更大的社区中提高公众对这些问题的认识，是时候促进变革了。

衷心感谢你们在这个重要问题上与我合作。

谨上

帮助家长进一步了解媒体和技术对儿童的积极和消极影响

这意味着我们要关注目前儿童在屏幕上看到的内容（如暴力、性别偏见和商业广告等）所带来的影响。这也意味着我们要帮助家长明确儿童长时间使用媒体设备的影响，而不是花时间了解儿童与朋友玩耍或玩开放性玩具所带来的影响。本书中概述的问题和策略可以帮助你与家长一起应对媒体所带来的影响。当你与家长合作，共同了解媒体对儿童的积极和消极影响并消除误解时，家长可能会问你如何利用这些信息来帮助儿童。

行动策略 专栏 10.4

家校合作的资源：帮助理解并制定积极策略

抵制不健康的儿童娱乐教师协会（TRUCE）准备了各种指南，能够帮助你与家长一起解决媒体使用和媒体文化问题。例如，《关掉屏幕，开始游戏》(*Turn Off the Screens and Turn On the Play*）的指南，基于一系列的研究结果，揭示了过多地使用电子产品会破坏儿童的学习能力，但高质量的游戏可以提高儿童的学习能力。该指南可以帮助家长重新思考那些宣称培养儿童早期学术技能的电子产品的潜在价值。它还可以帮助家长了解游戏在儿童日后的学业准备方面的重要性。

其他 TRUCE 指南为家长提供了一些建议，这些建议涉及促进创造性游戏和选择优质玩具［如《玩具、游戏和幼儿行动指南》(*Toys, Play, and Young Children Action Guide*)］，以及如何做出良好的媒体决定［如《媒体和幼儿行动指南》(*Media and Young Children Action Guide*)］。所有的 TRUCE 指南都可以在 TRUCE 的官方网站上找到。TRUCE 对这些材料放宽了版权限制，所以你可以复制这些材料，并引用相关的部分。

（作者注：我在 1995 年协助创立了 TRUCE，当时波士顿幼儿教育协会的董事会成员要求我与他们合作制作一份指南，帮助家长更多地了解和更有效地应对媒体文化。董事会成员认为他们没有与家长合作所需的资源。起初该组织只是努力创建一个指南，帮助家长了解并为孩子做出良好的媒体选择。现在它已经是一个有 29 年历史的、由经验丰富和敬业的幼儿教育工作者构成的组织。该组织的指南也会随着媒体环境的变化而不断更新。）

了解儿童在家里使用媒体和科技的情况

你所收集的关于儿童在家里使用媒体的信息（详见第四章），以及在课堂上观察到的儿童使用媒体的问题，都会帮助你更好地了解儿童的经历和需要。此外，要尽量了解家长对某些事情的感受、有什么具体的疑问或担忧。你可以在家长会上谈及这些问题。这将帮助你确定与家长和儿童合作的优先事项。

鼓励家长围绕屏幕活动与儿童沟通

家长与儿童之间可以相互分享很多有趣的事情，可以一起使用电子设备，并且交流使用的体验或感受。要帮助家长了解孩子们喜欢什么，为其提供所需的信息，从而帮助其发挥积极影响，避免媒体或媒体文化带来潜在的不良影响。专栏 10.5 包含一些建议，你可以与家长分享，帮助他们开始与儿童谈论媒体内容。

专栏 10.5

关于与儿童交流媒体内容的建议

当与儿童沟通和交流他们在屏幕上看到的或你们一起看到的内容时，重要的不是获得“正确答案”，而是培养儿童在这些问题上自如地与你或同伴讨论和分享信息的能力。请选择以下适用于你想讨论的媒体内容的建议，帮助你开始谈话。

➢ 轮流分享对所见事物的反应——包括正面和负面的反应。
  - “你对那个节目（电影、电子游戏或应用程序）有何看法？”
  - “我喜欢它，当________发生时，你是怎么想的？”
  - “我不喜欢它，当________。”

➢ 帮助儿童区分幻想与现实。
  - “哪些是虚假的，哪些是真实的？你是怎么知道的？”（如果儿童把虚假的东西和真实的东西混为一谈，你可以说“在现实生活中，事情不是这样的”之类的话。）
  - “我想知道，他们是如何让________在那个节目中发生的。你觉得呢？”

➢ 比较儿童在屏幕上看到的东西与他们的个人经验。
  - “在我们的生活中会发生类似________的事情吗？在什么时候？哪里相似？哪里不相似？”
  - “如果你遇到这种情况，你会怎么做？”

➢ 直接与儿童谈论他们在屏幕上看到的暴力和其他恶意行为。
  - “你认为________如何解决问题？如果你遇到这样的问题，你能做什么？你会说什么？”

专栏 10.5（续）

- “你能想出一个解决问题的方法，保证每个人都安全且没人受到伤害吗？”
- 问一些关注刻板印象和歧视行为的问题。
  - “我想知道为什么去打仗的往往是肌肉发达的男人？你注意到了吗？你对此有何看法？”
  - “似乎这些节目和电影中的女性经常需要得到男性的救助。你有没有注意到这一点？这是为什么呢？”
  - “我想知道为什么‘坏人’有外国口音？为什么他们总是有色人种？”

与家长分享你们在课堂中如何面对媒体和技术

如果你定期发布课堂简报或博客，或者你的学校向家长发送简报、定期组织交流活动，你可以创建一个关于媒体和技术问题的专题。例如，可以包含以下内容：

- 你在课堂上使用哪些媒体和技术，以及你如何和为什么使用它们。
- 你如何帮助儿童处理他们带入课堂的、与媒体相关的特定问题，例如，通过艺术、游戏或课堂讨论。
- 在你的环境中出现的、值得关注的媒体问题。

专栏 10.6

沉迷于屏幕？

一位学前班教师注意到，她班上所有的孩子都受到长时间在家里使用电子产品的影响。其中的一个小女孩贾妮娜的表现格外明显。她总是进行不同的活动，很少能在某一活动中较长时间地集中注意力。当她参与活动时，她通常是扮演屏幕上的某个角色，然后指挥其他孩子，告诉他们该怎么做。教师一直努力让贾妮娜在课堂上参与一系列的游戏活动和运用一些材料，并取得了一定的成功。

专栏 10.6（续）

当教师与贾妮娜的母亲面谈时，她的母亲问为什么孩子们没有更多的家庭作业。教师进一步了解她的意图，以及为什么她希望女儿有更多的家庭作业。这位母亲表示，只有当她的女儿不得不坐下来完成教师布置的家庭作业时，她才不用和女儿争论关掉屏幕的问题。她不希望贾妮娜在屏幕上花费那么多的时间，家庭作业越多，孩子使用电子屏幕的时间越少。

你的回答

- 当出现这个情况的时候，你有什么反应？
- 你是否曾与儿童有过相似的经历？你是否曾与父母有过相似的经历？你是如何应对的？你学到了什么？
- 到目前为止，本书中所讨论的观点如何帮助你理解贾妮娜与其母亲的情况，以及可能发生的事情？
- 在这种情况下，你会如何回应贾妮娜？你在心里设定的目标是什么？你会如何回应贾妮娜的母亲？

教师做了什么

贾妮娜的行为说明了在家庭和学校环境中被电子屏幕操控的学习的含义。她依赖某人或某物来控制和规划自己的时间和活动。教师没有把重心放在为什么贾妮娜的母亲会让女儿对使用电子屏幕上瘾，而是把找到帮助贾妮娜发展其他兴趣的有效方法作为两人努力的方向。

教师提出了一些贾妮娜在家里可以从事的实践活动，例如，即使家长准备晚餐的时间较长，也要让贾妮娜在厨房里帮忙。而教师则确保贾妮娜在课堂上参与制作面团和其他烹饪活动。她写了面团的配方，让贾妮娜带回家。教师还建议贾妮娜的母亲表现出对贾妮娜在电子屏幕上看到的东西感兴趣，并与贾妮娜谈论这些内容，一起做一些模仿媒体内容但在现实生活中可以开展的活动。例如，有一天，他们用饼干和糖霜，设计并制作了有怪兽脸的饼干。还有一天，屏幕上的人挥舞着围巾假装跳舞，他们也这样做了。

专栏 10.6（续）

你的回答

- 对于教师对贾妮娜的所作所为，你有什么反应？你对她的母亲的行为又有什么反应？
- 如果你是那位教师，你会有不同的回答吗？如果有，是什么样的回答呢？为什么这样回答呢？
- 你碰到过贾妮娜这样的孩子吗？如果有，你是如何与孩子及其家长相处的？这一章和本书中的哪些建议可以帮到你？

关于是否将媒体和科学技术纳入课堂以及如何纳入课堂的指南，请参阅《面对屏幕的困境：幼儿、技术和早期教育》（*Facing the Screen Dilemma: Young Children, Technology, and Early Education*），该指南由无商业化童年运动组织、儿童联盟组织和抵制不健康的儿童娱乐教师协会联合编写。

要告知家长与媒体有关的话题，以及在课堂上他们的孩子和整个班级中出现的媒体问题。你可以向家长表达对儿童使用媒体的担忧，为什么会担忧以及如何解决这个问题，并向家长提供一些方法，帮助其解决在家庭中使用媒体的问题。如果你描述具体的规则和生活常规——例如，与孩子们一起决定他们可以在户外玩超级英雄游戏，但不能在室内玩，或者像第五章中讨论的那样协商公主游戏的规则，那么家长可能会受到启发，并且在家里采取类似的策略。

鼓励家长关掉屏幕，开展游戏

正如前几章所讨论的，越来越多的儿童被电子屏幕操控。也就是说，儿童在不同程度上已经对电子屏幕和媒体玩具产生了一定的依赖性。这些玩具越来越多地控制了儿童的活动和学习。无论是在家里还是在学校里，这些儿童往往很难从游戏中获得积极的影响。家长需要意识到这如何对儿童的发展产生不利影响，并且应该学习如何减轻这种影响。在这个过程中，你能在支持家长方面发挥重要作用。

许多家长表示，他们会选择孩子想要的玩具，这似乎能让孩子开心。然而，孩子们想要什么，什么能让他们感到快乐，往往深受他们在屏幕上看到的东西的影响，涉及节目中的产品定位以及广告。家长们还经常说，他们的孩子会从祖父母那里得到玩具礼物，或者在生日聚会上得到他们不会选择购买的玩具，例如武器玩具、性感的娃娃、化妆品或其他高度性别化的玩具。我们要提醒家长，不一定只有昂贵或在媒体上吸引人的玩具，才会受到孩子的喜欢和使用。

你可以采取以下建议，帮助家长为儿童选择游戏材料。

- 在你的环境中提供具有多种使用方式的玩具，促进儿童的高质量游戏。
- 根据本章前面所述的 TRUCE 指南，与家长分享能够促进高质量游戏的玩具。家长可将这些信息转发给亲戚，帮助他们选择玩具礼物。美国 0—3 岁婴幼儿教育协会的“学步儿玩具选择技巧”列表为婴幼儿家长提供了非常有用的信息。
- 告知家长，一些好的玩具和游戏材料可以是便宜的。例如，大纸箱、布条和自制的黏土。在《玩具、游戏和幼儿行动指南》中，TRUCE 提供了关于鞋盒套组礼物的建议（详见第七章中的例子），这些小而常见的物品可以围绕“包容”的游戏主题，以一种引人注目的方式呈现。

行动策略　　专栏 10.7

TRUCE 的行动指南及其他：玩具借阅室

一所城市公立学校（从幼儿园到八年级）的教师，担心孩子们在家里玩的一些玩具，因此他们决定将 TRUCE 的《玩具、游戏和幼儿行动指南》寄给家长。家长们很高兴收到了这一资源。有些家长对教师说，他们通常很难找到能够负担得起的优质玩具，“好玩具”往往在更昂贵的精品玩具店里，而不是在附近的商店里。

专栏 10.7（续）

这些意见促使教师在学校里建立了一个玩具借阅室。他们利用捐赠和学校已有的一些材料，开设了这个玩具借阅室。家具零售商捐赠了架子和箱子，有助于借阅室保持有序和便于使用。

玩具借阅室很快就获得了成功。孩子们喜欢浏览不同的柜架，并对玩具进行选择。当孩子们看到其他人借阅积木、厨房套装或游戏道具时，他们也想这么做。除了向家庭免费提供优质玩具外，玩具借阅室还成为一个很好的话题，这是应对消费主义的成功方式，也是建立良好社会环境的绝佳方式。

为选择优秀媒体和科技提供资源

本书的重点是最大程度地减少媒体和媒体文化对儿童的消极影响。媒体文化已经成为儿童生活中必不可缺的一部分，并且具有快速变革的特点。成人可以做很多努力，并以积极的方式使用它，例如，选择符合儿童发展水平和需求的节目。

随着媒体节目的种类和数量越来越多，家长越来越难评估电视节目、电影、计算机和电子游戏及应用程序等是否适合他们的孩子。许多来自媒体和科技的现成信息（例如，广告、电影、电子游戏和电视节目的年龄评级，甚至玩具盒上的年龄评级），往往存在偏见或误导性。

教师能够帮助家长了解适合其孩子年龄的媒体类型，以便他们能够自己做出正确的决定。教师还能够帮助家长获取关于媒体选择的更多信息。例如，常识媒体的官方网站有最新的材料，包含经过充分研究且易于使用的多种资源。你也可以将第三章专栏 3.5 中的信息“评估儿童生活中媒体的发展框架”分享给家长，帮助家长了解特定节目、电子游戏或应用程序是否适合他们的孩子。

帮助家庭创建有意义的、适龄的习惯与规则，负责任地使用媒体

许多家长表示，他们没有意识到孩子的屏幕使用时间逐渐增多，他们是

突然发现孩子花在屏幕上的时间太多的。制定屏幕使用规则和习惯有助于防止这种情况逐渐升级（至少可以减缓它）。

对儿童来说，规则越有意义、越容易理解就越有效。此外，在成人引导儿童制定媒体规则的过程中，要参考儿童的意见，考虑他们的想法和感受，让儿童成为这个过程中负责任的参与者，更好地接受和理解这些决策。

与儿童制定规则是一个持续的过程，没有一成不变的解决方案。当儿童遵守一项规则时，我们应该观察它如何发挥作用，并且需要随着儿童年龄的增长、媒体的变化和家庭需求的变化，定期地评估和修改规则。与其将制定规则视为无效的，不如认识到这一过程有助于儿童逐渐成为独立的、负责任的媒体消费者。即使在没有成人在场的情况下也是如此。专栏 10.8 展示了一个解决问题的过程，家长可以根据它与孩子制定规则，解决其他的媒体使用问题。

行动策略　　专栏 10.8

共同使用媒体规则来解决问题

在与孩子制定媒体规则时，尽量进行交互式讨论。这可以帮助孩子发展必要的思维，开始对屏幕时间和屏幕选择更加负责。

- 帮助孩子用两种观点看待并谈论问题。例如，你可以说："我们有一个问题。我们今天没有一起玩耍或阅读，因为你在晚餐前后都在看屏幕。我们需要想一个办法让我们有时间玩耍。"
- 试着想出一个或多个可能的解决方案。讨论每个解决方案在实践中如何运作，以及它是否对双方都有效。例如，你可以先说："一个想法是，你在晚餐后准备睡觉前玩玩具，你在我做晚餐时玩计算机游戏。或者，第一天你可以在晚餐前和晚餐后玩计算机游戏，第二天你可以在晚餐前和晚餐后玩玩具。"
- 选择一个你们都同意尝试的解决方案，考虑到双方的想法、问题和担忧。
- 帮助孩子尝试这个解决方案，看看它的效果如何。
- 一起讨论解决方案的效果，并决定是否以及如何改变它，使其发挥更大的作用。

向家长提供以下提示：

- 倾听孩子的想法，表达你的想法，试着提出一个双方都同意的解决方案。讨论以下内容：
  - 什么时候可以看电视或使用其他电子设备，什么时候不可以看电视或使用其他电子设备。
  - 哪些电视节目、视频、电子游戏、应用程序等可以观看或使用，哪些不可以观看或使用。
  - 屏幕时间多长是合适的。
- 当你们一起制定规则时，从最简单的开始，给孩子提供具体的选择。例如，你可以说："你可以在早餐后看________（这个节目）或________（那个节目）。让我们讨论一下选择哪一个。"
- 创建一个图表，列出你认为可以接受的屏幕使用时间表。与年幼的孩子一起使用图片和文字，以便他们理解。
- 列一个待办清单，帮助孩子在关掉电视和其他媒体时找到自己要做的事情。
- 请记住，孩子会在成长过程中积累解决问题的经验。他们能够在这个过程中发挥更大的作用，并提出更详细的解决方案。

与家长分享课堂上出现的媒体问题

你可以向家长提供课堂中的一些具体例子，阐述媒体暴力和媒体玩具如何直接影响他们的孩子，这能有效地获得家长的理解和支持。专栏 10.9 展示了一封来自托儿所负责人的信，信中的内容是她想和家长讨论的问题。信中提供的信息既能帮助家长了解问题的性质，又能为处理这些问题提供充满尊重的建议。

专栏 10.9

致家长的信：对《钢铁侠》电影的担忧

［这封信是一位托儿所负责人写给家长的，它与《钢铁侠》（*Iron Man*）电影相关，教师认为这部电影造成了课堂上的暴力行为。］

亲爱的家长们：

我写这封信是因为我们在课堂上遇到了很多问题，孩子们假装自己是钢铁侠。我知道很多孩子都看过这部电影。但是，孩子们的行为正在升级，达到了不适合课堂的程度。当他们假装互相打架和打坏人时，很多孩子在假扮的过程中失去了安全感。想象力对孩子们来说很重要，但安全更重要！

如果您的孩子看过《钢铁侠》电影，请与他（她）谈谈什么是课堂上的适当行为，什么是家里的适当行为。如果您正在考虑让您的孩子看这部电影，我想您也许会重新考虑。在这个年龄段，孩子们很难分清什么是合适的、真实的，什么是不合适的、不真实的。在这个年龄段，暴力的游戏并不少见；然而，像钢铁侠所提倡的那种游戏是不合适的。

非常感谢您在这个问题上的帮助！

谨上

让家长参与你的媒体教育工作

你可以进行课堂展示，记录儿童如何在你设定的环境中应对使用媒体的相关问题。在你的课堂简报或博客上开辟一个专栏，阐述你正在做什么以及为什么这样做，并向家长解释如何将其与他们在家里做的事情联系起来。你甚至可以帮助儿童写或画一份媒体报告，并将其发布在简报或博客上。

在媒体素养课程的基础上，创建一个媒体项目，让家长和儿童共同完成。一些教师和学校试图让作业变得更有意义，他们把这些项目称为“家庭作业”。为了让儿童更好地完成家庭作业，除了提供简单的指导外，你还要向家长简要解释开展活动的原因，以及可能需要考虑的问题。

家长可以收集儿童或全家人的屏幕使用习惯的数据，或者帮助他们的孩子写一篇小作文，讲述在不使用屏幕时全家人喜欢一起做什么。此外，这本书涉及的许多活动都可用于布置家庭作业。

专栏 10.10 展示了一个关于家庭作业的案例，其中的内容包括根据儿童在一周内观看电视的时间来绘图。教师把表格寄到儿童的家里，并附上一封信，向家长解释该如何根据这个表格进行记录以及此项活动的目标。

专栏 10.10

家庭作业：电视观看记录表

亲爱的家长：

今天，我们在班上开始培养儿童的媒体素养。通过研究我们发现，大多数儿童都会花大部分时间看电视，我们交流了喜欢或不喜欢看电视的原因、看多长时间的电视，以及使用电视的规则。我们将在以后的活动中讨论儿童在家里使用的其他类型的电子产品。

这封信还附有一张电视观看记录表。这张表被设计成一份“家庭作业”。在一周内的每个晚上，请帮助您的孩子在睡觉前填写该表。该表将显示您的孩子每天看了多长时间的电视。例如，如果您的孩子在周日看了 2 小时电视，请帮助他（她）在对应的 4 个格子内涂上颜色（用马克笔、蜡笔或铅笔）。如果可以的话，在相应的专栏中记录电视节目的名称。看视频（电影）的时间也应该包括在看电视的时间内。

这张表的目的是了解个人和班级整体的电视观看量。我们将在下周核查结果，所以请帮助您的孩子记得在________前将完成的表带回学校。之后，我们将看看孩子们在空闲时间里除了看电视之外还做了什么。

请记住，我们的目的不是要批评或评判家庭的电视观看习惯，在这个活动中没有“正确”或“错误”的答案。

希望您和家人会享受在一起做这份家庭作业。

谨上

专栏 10.10（续）

________的电视观看记录表							
0.5 小时							
0.5 小时							
0.5 小时							
0.5 小时							
0.5 小时							
0.5 小时							
	周日	周一	周二	周三	周四	周五	周六

每当您的孩子看了 0.5 小时电视，就督促他（她）填写一次表格。您的孩子可以在表格里涂色，并且写上节目名称，或者在表格里画关于节目的图画。

告诉家长儿童可能喜欢与他们分享有趣的课堂话题

家长常常希望他们的孩子能够多分享他们在学校里做的事情。有一种方法可以帮助家长找到和儿童沟通的起点，那就是谈论儿童在课堂上讨论过的内容。这些对话并不直接涉及媒体，但是有助于家长与儿童沟通，使家长持续关注儿童在学校里发生的事情。下面的故事（本周的家庭问题）提供了一个案例，说明了在一所学校中的一些教师如何做到这一点。

本周的家庭问题

一所公立学校中的学前班教师和一年级教师，希望家校之间能够建立更紧密的联系。他们发现，家长会因无法从孩子那里得知在学校里发生过的事情而感到难过。他们想出了一个可行的解决方案，让孩子们参与进来。在每周的班级简报中，教师提出一个“本周的家庭问题”，家长可以在吃晚餐、坐车时或其他聊天时间和他们的孩子聊聊。这些问题包括该周教室里发生的有趣的事情，它们能够真正吸引孩子们的兴趣。教师认为，一旦家长引出话题，孩子们就会兴奋地分享。这个问题一般不是特别重大的问题，而是关乎发生过的有趣的或不寻常的事情。家长们也赞同根据这些话题与儿童交流。

以下是教师提供的几个家庭问题：

- 在为萨莎制作的祝福卡上，你画了什么，写了什么？
- 我听说很多孩子在课间休息时都想跳绳。学会跳绳有多难？
- 当沙鼠突然出现在教室里时，你要怎么做才能把它赶出去？你和你的同伴是怎么抓住它的？

渐渐地，孩子们越来越多地参与撰写问题的过程。当有趣的事情发生时，他们会告诉教师："让我们把它作为本周的家庭问题。"教师们把"本周的家庭问题"张贴在会议区，通常还配有插图，向未参与者表明要讨论的内容。

为家长提供交流的机会

家长之间分享他们在应对儿童生活中的媒体问题方面的成功、担忧和努力是有帮助的。

家长之间分享的经历（成功和失败）以及对某件事情的担忧，有助于解决儿童生活中的媒体使用问题。这会使他们合作改变渗透进儿童生活的媒体环境。要提供家长之间互相交流媒体使用的机会，例如召开家长夜谈会。这些活动的重点是让家长在家里对媒体产品的使用做出积极的努力，而不是让他们感到自己在处理媒体和技术的问题上存在不足。我发现，家长们很难处理好这些事情，他们需要的是支持，而不是指责。专栏 10.11 和专栏 10.12 展示了两个活动案例，家长和教师围绕媒体话题交流想法和担忧。第十一章提供了更多的信息，能够帮助你开始计划自己的活动。

专栏 10.11

在媒体和技术使用问题上合作的特别之夜

（这篇文章出现在某学校的校园推送上，这是一所波士顿马萨诸塞州的公立学校，招收从幼儿园到八年级的孩子。）

最近，30 多名家长和教职工在研讨会上分享了如何应对影响儿童及其家庭福祉的媒体信息和策略。研究表明，针对儿童的宣传是导致暴力、饮食失调、物质主义、挑剔、肥胖、性早熟等的重要因素。这次研讨会旨在帮助家长和教师分享知识和资源，以对抗资本对儿童的控制。目前，互联网、电子游戏、平板电脑和智能手机也是重要的影响因素，但电视仍然是此问题中的重要部分。以下是一些针对家庭的有效策略，看看其中是否有适合你的家庭的策略。

- 和你的孩子一起看电视，谈论广告、刻板印象和你的看法。
- 限制屏幕使用时间（考虑设置一个无屏幕的家庭之夜，或设定好的家庭观影时间）。
- 仔细选择电视节目和电影，如果可以的话，提前检查其中的内容。
- 用看书代替使用电子产品。
- 走出室内，回归自然。
- 和你的孩子谈论电子设备的价值和意义，站在孩子的朋友而不是家长的角度开展对话。
- 不断了解使用媒体的相关问题，和他人分享信息。

我们在研讨会上了解到更多的信息，并且对应对儿童使用媒体的情况充满信心。大多数人都认为这个问题是棘手的，但分享资源和解决策略对所有人来说都是极其有效的。现在，当你的孩子向你寻求意见时，如果他（她）说“别人都有”或“别人都能看”，你要知道，这并不总是真的！别人没有，别人也没有在看。

这场研讨会催生了一个重要的行动策略，就是我们学校要举办无屏幕周。这个一年一度的全国性活动是由无商业化童年运动组织主办的。我们学校今年会参加，我们希望你们也可以考虑在家里开展相关活动。请和你的家人谈谈。你能想象一周没有屏幕吗？在今年的无屏幕周活动期间，我们将在学校里组织特别活动，你会听到更多的信息。

专栏 10.12

与家长全面讨论科技在儿童生活中的性质和作用

一位幼儿园教师开始担心儿童对更迭过快的电子产品的使用情况。平板电脑已经问世几年了，似乎正在改变儿童在家里使用科学技术的情况。越来越多的儿童在游戏中使用媒体人物（包括电视节目、电影、视频和计算机游戏以及应用程序中的暴力人物），并在家里谈论一些网络游戏。

该园所并没有将其观察到的儿童在行为和谈话中的变化告知家长。当教师想向个别家长提出这个问题时，很明显，一些家长对如何为孩子选择合适的技术并不了解，甚至会感到生气。

另外，一个男孩在到达幼儿园时，因为不得不放弃他在车上使用的平板电脑而爆发情绪，教师们决定不能再拖延解决这个问题了，他们需要做以下工作：

- 了解家庭中科技产品的变化和家长的感受，以及他们如何解决这个问题。
- 帮助家长更多地了解科学技术对家庭的影响，增强其使用科学技术的针对性。

该园所组织了一次与家长的讨论会。其目的不是要给家长提供正确的答案，也不是要告诉他们如何在家里使用新的科技产品。相反，它的目的是提供一个安全的、非评判性的平台，让家长分享他们的经验、目前存在的问题和担忧，以及解决问题的方案。

由三位教师和一位技术专家组成的小组开启了讨论。他们首先让家长放心，因为每个人都在为如何解决孩子的屏幕使用问题而犯难。他们说，今晚的目标是提供一个安全的平台来讨论和分享信息。因此，家长们立刻提出了自己的疑问：

- 我怎样判断什么是合适的？
- 电子书和实体书有什么区别？
- 如果我们只为儿童选择教育类的软件和节目，我们还有什么需要担心的吗？
- 孩子在使用屏幕和应用程序时真的在学习吗？如果是的话，他们在学什么？他们在什么时候学？
- 我们如何能确定儿童没有沉迷于屏幕？
- 合理使用电子产品的时间是多长？
- 是否有办法在不发生争吵的情况下设置限制？如果有，如何设置限制？

专栏 10.12（续）

- 我们如何应对儿童从媒体世界过渡到现实世界的困难？
- 如果不使用电子产品进行教育活动，孩子们在学业上会落后吗？
- 我们如何处理撒谎和偷窃的问题（比如，晚上在被子里藏小设备）？
- 家长如何使用自己的电子设备（比如，在晚餐的餐桌上发短信或邮件）？
- 研究可以提供什么指导？

由于答案不分对错，所以教师们提供了他们认为可以帮助家长回答这些问题的建议和信息。他们先了解家长的反馈，并关注那些引发深刻共鸣和有帮助的东西。以下建议最令人感兴趣并引起了最多的讨论：

- 在决定做什么的时候，很少有绝对合适的答案。
- 家长需要完成自己的家庭作业，在孩子接触电子产品（比如电视节目和应用程序）之前进行学习。该小组分享了帮助实现这一目标的有效策略。
- 当家长和儿童一起做活动时，或者当家长有足够的知识与儿童谈论相关内容时，孩子更有可能从使用电子产品中受益。
- 家长与儿童一起互动，有助于儿童关闭屏幕。
- 当儿童接触电子产品中的内容时，家长应该在现实世界中找到有意义的方式来扩展内容。例如，如果儿童使用软件学习数学，那么家长可以给儿童提供实物来计数、探索数学概念。
- 让“远离电子设备”的时间（例如晚餐时间）成为家庭生活中有规律和可预测的一部分。
- 不要将电子屏幕时间与奖励、惩罚联系起来。
- 对制造商关于其技术或产品对儿童的好处的说法持怀疑态度。
- 为家庭提供一个使用电子产品的主要场所，这样每个家庭成员就不会独自在自己的房间里与屏幕互动。
- 分享积极使用媒体的例子——包括在学校里以及在家里如何使用媒体。

在会议结束时，根据家长的要求，教师承诺举行后续会议，以便家长讨论他们如何使用所学到的东西，并根据他们的经验在此基础上再接再厉。

第十一章

社区建设促进变革：帮助儿童摆脱电子屏幕的操控

创造一个适合儿童的媒体环境并不是一个新问题。早在25年前，世界著名的儿科医生T. 贝里·布雷泽尔顿（T. Berry Brazelton）指出：

> 电视是一种非常强大的媒体。它是儿童思想和心灵的最强竞争者，我们最好关注它。克林顿夫妇委托我们监管儿童观看电视节目的最佳时间，我们开始了相关工作。有人指控我们违反了第一修正案，不让我们介入。然而，欧洲的每一个国家、澳大利亚，以及中国，都规定了儿童观看电视的最佳时间。因此，我们是唯一一个将商业置于儿童和家庭之上的国家。家长们最好接受这一现实，并弄清楚自己该做什么。

当布雷泽尔顿发表这一评论时，电视正是儿童生活中的主要媒体力量。即便现在仍旧如此，而且所有的新媒体和技术都加剧了布雷泽尔顿提出的问题（特别是面对年幼的儿童）。媒体行业仍以第一修正案为由，反对政府在规范儿童生活中的媒体方面发挥监管作用。尽管政府在保护儿童免受其他有害的社会力量的影响方面有着悠久的历史，但这种观点是为政府缺乏行动而辩护。因此，在当今的媒体世界中，弘扬正能量和抵制危害的工作，仍然由家长和幼儿教育工作者承担，因为他们才是最关心儿童、致力于促进儿童教育及福祉的人。

当我们帮助儿童和家长了解媒体文化时，同样重要的是，我们必须在更广泛的社会中努力阻止（或至少减缓）负面信息的泛滥，为儿童营造更积极的媒体环境。通过所有人共同努力开展有意义的行动，我们可以帮助促进积极的变化。幼儿教育工作者在更广泛的社区工作中拥有知识和技能，能够创造一个更健康的儿童照护环境，而家长比任何人都更能影响媒体在其子女的生活中的作用。家校合作可以在创造更健康的儿童媒体文化方面拥有更多的话语权。

学校非常适合动员大大小小的社会力量一起推动变革。下面的想法可以鼓励教师、管理人员和家长共同努力，创造一个环境，保护儿童免受因媒体控制而产生的思维和行为的伤害。根据你的家庭、学校和更广泛的社区的特殊需要、资源和情况来调整你的行动，以便更多的人和团体能够找到参与的方式，并做出有意义的贡献。讽刺的是，像本章中所述的社区行动能够帮助那些因过度使用媒体而孤立的人们重新建立人际关系。

变革的关键要素

在考虑如何为儿童创建一个更积极和负责任的媒体环境时，请关注以下内容。

- 社会层面
    - 修改法律和政策，规范面向儿童制作和销售的媒体。
    - 在媒体时代，在更广泛的社会层面上改变态度，创造一个为儿童争取最大利益的环境。
- 学校层面
    - 从幼儿阶段开始开展全面的媒体素养教育。
    - 努力制定基于研究的指导方针，阐明是否、何时以及如何在课堂上使用媒体。
    - 教师与家庭、社区合作，共同倡导教育政策和实践，考虑到在媒体时代中成长的儿童所具有的特殊且不断变化的特点。

➢ 儿童（家庭）层面

- 改变环境，让儿童在无媒体和无商业的空间中花费更多的时间，减少其沉浸在媒体和媒体相关活动及产品中的时间。
- 改变儿童的兴趣和屏幕使用时间。随着时间的推移，儿童能够积极地参与实操活动。另外，要控制和管理儿童的屏幕使用时间。
- 改变学习来源，这样儿童就不会将屏幕和相关产品视为地位、幸福感或满足感的主要来源。

你能做什么：动员他人

努力改变学校文化

试图影响学校和社区成员如何思考、谈论和解决媒体及媒体文化相关问题。鼓励学校管理者和社区中的其他人支持这些工作并发挥积极作用。要想帮助儿童摆脱媒体的操控，需要很多人团结起来，一起行动，共同应对。参与的人越多，对学校、教室、儿童生活、家庭和社区的影响就越大。

> 提供纪录片的媒体教育基金会（Media Education Foundation）（是的，有时媒体会非常有用！）可以为你与家长、学校管理者和社区成员的讨论提供一个起点。

在全校教职工会议、在职培训和家长晚间会议（如第十章所述）上发表演讲和开展讨论。这有助于营造一种氛围，大家可以共同讨论并解决媒体问题，这些是学校、社区生活的正常部分。随着大家共同努力，所做事情的质量和深度都会提高，对儿童的影响也会增加。在讨论中，要试着把重点放在制订和落实行动计划上，以便在家庭、学校，甚至更大的社区层面上共同努力。关于这类学校活动的一些例子在第十章中有介绍。

你可以考虑在学校或项目中采取以下策略。

为学校共同体创建一个媒体教育图书室。为学校共同体提供媒体教育材料是一个有效的方法，能够帮助家长们更自如地讨论他们如何应对媒体，以及他们关注的问题。这甚至能让他们的孩子在到访同学家时，更容易向其他家长提出媒体使用要求。它可以帮助每个家庭改变一种观念，即需要独自面对媒体文化问题，现在这种观念已经渗透到许多学校和更广泛的社会中。

对于创建图书室，你可以选择有助于社区成员在家庭、学校和其他地方更多地了解困在电子屏幕里的儿童的资源，并制定行动策略。“参考文献”中列出的那些书籍，涉及学校和社区成员最感兴趣的和最相关的问题。图书室可能还包括经过审查的、适合儿童的媒体资源。例如，常识媒体持续更新其对新电视节目、电影、游戏、应用程序等的评价和使用建议。

你还可以考虑在图书室里加入一些其他资料，如无商业化童年运动组织关于儿童营销问题的介绍，以及抵制不健康的儿童娱乐教师协会（TRUCE）为家长和教师编写的指南。请注意，TRUCE 指南放宽了版权限制，所以你可以在班级的新闻简报中展示它们（或其中的一部分），并将其张贴在图书室和社区的公告栏上。

创建一个网络账号，家长们可以在那里分享关于媒体的感想并讨论。他们可以用其来讨论他们正在解决的问题，并从其他人那里获得应对策略的建议。他们也可以分享资源，谈论他们已经做出的决定，或考虑重新评价儿童感兴趣的特定电影、电视节目或网站。这为每个人提供一个机会，让他们针对自身和群体如何应对媒体文化问题发表意见。

制定学校策略，针对课堂中使用的技术和媒体种类，做出明智的决定。例如，成立一个委员会，定期开会讨论这些问题。为如何做出决定以及谁可以提供有用的意见制定指导方针，可能涉及教师、行政人员、家长和相关专家。

在学校和社区中开展无屏幕周活动。在第十章中，我描述了波士顿的一所学校是如何准备无屏幕周活动的。无屏幕周为全国的家长和儿童提供了一种有意义的方式，来反思媒体和媒体文化如何影响他们的生活，并制定积极变革的策略。考虑在你的学校中开展这样的特殊活动。

- 考虑自己的无屏幕时间，获得一些一手的经验，了解家庭可能面临的问题。
- 想一想儿童、家庭、学校和更广泛的社区可以从无屏幕的体验中学到什么。与其观察参与者能否在不接触任何屏幕的情况下度过一周，不如将这种经历作为一个机会，反思电视和其他屏幕在人们生活中起到的作用。这个目标可以产生长期的、有意义的结果。
- 帮助儿童和家长为没有屏幕的一周做好准备。它是否同样适用于所有的家庭成员？在什么时候以及什么情况下，哪些家庭成员会感到最困难？家庭成员可以一起或单独进行哪些替代屏幕的活动？如果家庭成员习惯用屏幕交流，他们还能做什么来保持联系？当儿童和成人不得不找些事情做而不是使用屏幕时，他们如何应对可能出现的潜在挑战？
- 准备好帮助参与者反思此次体验，并处理出现的意外问题。
- 让儿童和家长心甘情愿地加入，而不是感到被胁迫。
- 儿童和家长与学校签署合同，同意参加无屏幕周活动，这将作为他们对活动进行承诺的一种方式。在一所学校里，每个孩子和家长都需要签订自己的合同，同意不使用某些屏幕和取消屏幕时间。虽然这似乎淡化了活动的目标，但思考这项承诺并决定何时不使用屏幕的过程，能够培养儿童的批判性思维，这是一项宝贵的技能。
- 帮助参与者规划无屏幕周之后的事情。在一所学校里，志愿者在无屏幕周活动期间进入教室，在午餐后与儿童玩棋盘游戏，因为儿童不能像往常一样看视频。这些游戏非常受欢迎，以至于在无屏幕周结束后，志愿者们每周都有一天在午餐后继续与儿童在教室里玩游戏。

将无屏幕周扩展到整个社区。伊利诺伊州温内特卡市的儿童早期教育联盟（Alliance for Early Childhood，AEC）对社区开展和扩大无屏幕周活动做出了很大努力，你可以了解相关的信息。

> 无屏幕周（原为关闭电视周）为家庭提供了一周尝试不接触屏幕的机会。该活动始于 1995 年，名为“关闭电视周”，现在已经发展到每年 3 月有超过 5000 名儿童及其家庭参加。当关掉屏幕时，整个社区中有许多精彩的替代活动——从艺术活动和故事时间到一系列活动的样本课程，从语言学习到油画和棒球活动。我们鼓励每个家庭在家里享受自己的活动，指南中也列出了一些活动的想法，以及关于媒体素养的最新信息。在这一周里，家庭自主制定屏幕使用规则——从不使用屏幕到限制或减少使用屏幕。当家庭、学校、社区组织和商家都参与活动时，这是美妙的一周。

组建一个玩具交换或借阅室。学校里的玩具交换或借阅室可以帮助社区和家庭中的儿童了解和享受与媒体无关的优质玩具（见第十章的专栏 10.7），这可以为那些经济能力有限家庭的儿童提供更多有吸引力的玩具。

在学校内外促进媒体素养教育

一个鼓舞人心的趋势是，许多教育工作者已经开始提倡在学校里对所有年龄段的儿童进行强制性的媒体素养教育（见专栏 11.1，其中介绍了马萨诸塞州立法机构目前正在推动的立法项目——强制进行媒体素养教育）。在学校里，成功的学术学习往往需要儿童发现和解决问题。困在电子屏幕里的儿童在这一方面可能有困难。例如，他们发现每次看到的字母“d”都是同样的发音。因此，为了促进儿童在媒体时代的最佳发展和学习，我们必须帮助他们摆脱媒体的操控——而做到这一点的方法就是，帮助他们理解、评估和适当地回应媒体和媒体文化。

专栏 11.1

支持为学校的媒体素养教育立法

自 2011 年 10 月以来，马萨诸塞州的立法机构一直在考虑制定一项媒体素养教育法案，该法案要求马萨诸塞州的所有公立学校（从学前班到高中）都要开展媒体素养课程。马萨诸塞州媒体素养协会提出了这项法案并为之倡议。在该法案的立法听证会上，在许多教育工作者、研究人员和倡导者的见证下，我代表儿童的利益发言并支持该法案，以下是我的证词：

我是惠洛克学院的教育学教授，在过去的 25 年里，我一直在研究媒体和技术对 0—8 岁儿童的影响，并为世界各地的教师和家长教授媒体素养课程。我写了 8 本书，包括《困在电子屏幕里的儿童？》《暴力时代的幼儿教育》和《让孩子避免“性污染”》。

有害的内容

媒体已经改变了儿童的童年。在 0—8 岁儿童中，42% 的儿童在卧室里有一台电视（Rideout，2011）。现在，8—18 岁儿童花在屏幕上的时间，比除了睡觉以外的任何事情所花费的时间都要多，而且这个时间仍在迅速增加（Kaiser Family Foundation，2010）。媒体正在教儿童许多社会性、情感和智力方面的内容，而关心儿童的成人不想让他们学习这些内容，但孩子们却没有认知能力来抵制这些内容（Levin，1998）。

1. 暴力。从儿童年龄很小的时候开始，无论是受节目还是与之相关的产品影响，暴力都是男孩们常见的话题（American Academy of Pediatrics，2009）。美国儿科学会提出的关于媒体暴力的政策声明表明，儿童接触媒体暴力会导致攻击性行为、对暴力脱敏以及害怕受到伤害。美国儿科学会大力支持对儿童进行媒体素养教育，以抵抗媒体暴力所造成的伤害。

2. 性化。性化的行为和外表是媒体为女孩制作的节目中常见的内容（Levin & Kilbourne，2009）。几乎从出生起，女孩看到的形象就告诉她们，长相和购买的东西决定了她们的价值。这导致女孩出现饮食失调、自卑、抑郁和刻薄的行为（American Psychological Association，2010）。

专栏 11.1（续）

3. 商业化。通过媒体向儿童推销产品，每年能够促成 170 亿美元的交易。2—11 岁儿童每年看超过 25000 个广告（Campaign for a Commercial-Free Childhood，2013a）——其中许多广告对男孩宣扬暴力，对女孩宣扬性化。除了进一步升级关于性别角色和人际交往的有害内容外，这些广告还促进了一种不健康的关注，即把购买而不是成就作为成功和幸福的来源。

媒体素养：从头开始

如果不在学校里提供媒体素养教育，那么媒体生产商和营销商就会过多地掌控如今的儿童教育。

家长无法靠自己的力量与儿童生活中的媒体力量做斗争。他们需要教师的帮助，因为教师经过培训，能够促进儿童的最佳发展和学习，因此教师是最适合应对当今媒体冲击的人员。

儿童也需要学校的帮助。他们经常沉迷于电子设备中，无法理解他们所看到的有害内容。当他们试图弄清自己所看到的东西时，他们往往被引诱逃避学校开展的重要课程（如读写和数学）。

在马萨诸塞州的学校里，如果能从一开始就要求培养儿童的媒体素养，这将对儿童的生活产生真正的积极影响，并对促进他们的社会性、情感和智力发展有很大的帮助。

谢谢你们考虑这个最重要的法案。我强烈希望你们能通过它。

与当地专家和社区团体建立联盟关系

汇集不同的社区团体资源和贡献，解决媒体文化中的问题，能够带来更有效的结果。潜在的盟友包括当地的幼儿教育专业人士和家长－教师组织、儿童权益保障团体、州总检察长办公室、立法者、医疗和儿科医生组织以及教育和公共卫生部门。以下是两个完全不同类型的成功合作的例子，能够应对儿童被电子屏幕操控的情况。

- 编写和宣传《面对屏幕的困境：幼儿、技术和早期教育》这本指南，这是儿童联盟组织、无商业化童年运动组织和抵制不健康的儿童娱乐教师协会的联合项目（该指南旨在帮助儿童教育专业人员形成在课堂环境中明智地和有意识地使用技术的方法）。
- 儿童早期教育联盟组织每年都会组织无屏幕周活动（前文有所提及）。在伊利诺伊州温内特卡市的社区中，无屏幕周活动是成功的，因为它广泛地调动了各种社区团体和组织。

提倡将游戏作为早期课程的核心

正如本书所述的，媒体和科技正在以令人担忧的方式影响儿童的游戏和学习。例如，随着儿童在屏幕上花费的时间越来越多，许多儿童在家庭或学校中更难深入参与丰富和具有创造性的游戏，而这些游戏能够为他们日后主动学习打下坚实的基础。

至少在某种程度上，为应对这种情况，一些早期教育政策制定者要求教师在早期教育项目中采用更具结构化的教学方法。我们看到，儿童的游戏时间越来越少，被狭隘的、以技能为基础的教学和高风险测试占据。但是，通过发展远程教学实践来帮助儿童摆脱电子屏幕的操控，只可能进一步削弱儿童对学习过程的积极参与。

与其他专业人士合作，表达你对破坏游戏的强制性政策和做法的担忧。

与其他专业人士合作，表达你对破坏游戏的强制性政策和做法的担忧。这些政策和做法会破坏儿童积极参与学习和游戏的能力。一个建议是与捍卫早教组织合作，召集教育工作者针对影响幼儿教育的政策采取行动。我和南希・卡尔森－佩奇（Nancy Carlsson-Paige）在2011年创办了捍卫早教组织，因为我们担心游戏、主动学习和教学实践在儿童项目中遭到破坏。

该组织的主要目标是：

- 关注最前沿的学前教育标准，特别是那些与国家共同核心标准相关的学前教育标准，并研究其对儿童教育政策和实践的影响；
- 为早期教育工作者制定适当的指导方针；
- 提出合理的理由来动员儿童所在的群体，反对不适当的标准、评估及课堂实践。

努力推动政府颁布相关政策，改善媒体环境

向政府官员、政策制定者和监管机构表达你的担忧，并提出积极的行动建议。号召同事与广大社区成员也这样做。例如：

- 如果你在电视或其他媒体上看到你认为对儿童不合适的东西，请向联邦通信委员会投诉。
- 如果你在屏幕上看到对儿童或儿童产品的不当营销，请向负责监管儿童营销的机构——联邦贸易委员会投诉。

专栏 11.2

成功的维权

无商业化童年运动组织针对“小小爱因斯坦”的虚假广告向联邦贸易委员会投诉

支持一些组织或机构向联邦贸易委员会或联邦通信委员会提出正式投诉，是为儿童有效发声的一种方式。无商业化童年运动组织向联邦贸易委员会提交了一份投诉书，指出“小小爱因斯坦”系列产品的教育声明缺乏研究支持。这个投诉促使迪士尼公司（“小小爱因斯坦”的所有者）同意从广告中删除产品的教育声明。他们最终还同意向任何基于教育声明而购买“小小爱因斯坦”系列产品的人提供退款服务（Lewin，2019）。

专栏 11.2（续）

再也不会有“宝宝也能读”

对于儿童和家庭来说，一个重要的胜利是，负责营销“宝宝也能读”系列视频的公司停止了运营（Hsu，2012）。几年前，无商业化童年运动组织向联邦贸易委员会投诉，要求制作“宝宝也能读”的公司停止发布欺骗性广告。该公司还在《今日秀》（*Today Show*）上提出了一个具有破坏性的议题。该公司曾声称，儿童阅读的“短暂的窗口期”始于婴儿期，但实际上没有证据表明存在这样的窗口期，也没有证据支持该公司主张的听起来很科学的说法。在联邦贸易委员会介入调查的 5 个月后，此产品的电视广告完全被停止。（截至写作本书时，针对“宝宝也能读”的创作者的诉讼仍在进行，他们还在继续销售该产品。）

向媒体文化制作人表达你的担忧（或积极反馈）

请联系当地电视台、政府网站、当地电影院、玩具和录像店以及媒体和技术供应商，表达你对儿童节目或产品的关注。专栏 11.3 和专栏 11.4 展示了两封信，你可以用此来表达你的担忧，也可以对那些为儿童提供积极内容的媒体表示感谢。你可以邀请其他与你有共同忧虑的人采取行动。利用网站、博客和其他形式的社交媒体，让更多的社区成员参与进来。围绕一个问题撰写博客和组织写信活动，可以产生很大的影响。

专栏 11.3

给广播公司或玩具公司 / 商店的信

（你可以组织集体行动，写一封与下文类似的信，并将副本分发给其他人，让他们参与寄信。）

亲爱的［电视主持人 / 玩具公司董事长 / 玩具店经理］：

我是［单位］的教师。我最近［观看了这个节目 / 在这个商店里购物］。我发现这个［节目 / 产品 / 广告等］对儿童来说不合适，因为［说明冒犯你的地方以及理由］。

专栏 11.3（续）

作为一名教育工作者，我对不断扩大影响的媒体和技术以及你们的［节目 / 产品 / 广告等］在其中扮演的角色感到担忧。我将把我对你们的［节目 / 产品 / 广告等］的担忧，至少告诉 10 个人，并敦促他们保护儿童免受其负面影响。

我希望你和我一样关注儿童的福祉。我希望你在家庭、学校和更广泛的社会中，在为儿童推广积极的媒体和技术方面发挥作用，改变你正在做的事情［通过你的项目 / 产品等］，并将你的资源投入［媒体 / 技术 / 玩具等］中，以此来促进儿童的健康发展。

谨上

行动策略 专栏 11.4

一位苦恼的家长写给编辑的信

（这是一位家长在一次不愉快的家庭电影活动后写给报社编辑的信。这提供了另一个例子，说明教师或家长可以与当地媒体机构探讨此类问题。）

致编辑：

我最近带 5 岁的儿子看了［电影名称］。我决定带他看这部电影的原因是，我在你们的报纸上看到了对这部电影非常有利的评价，它被描述为"优质的、纯真的家庭娱乐电影"。

我发现这部电影既不纯真，也不有趣，而且包含许多暴力场面。电影中的成人表现得像傻瓜，孩子们对他人表现出刻薄和种族主义的行为。自始至终，我的儿子都在问我为什么主角（孩子们）一直在做如此卑鄙的事情。

我已经看到越来越多的研究表明，媒体对儿童有负面影响。家长被告知他们应该决定哪些媒体适合他们的孩子，哪些媒体是不适合的。你们让我感到失望。还有多少家长也被你们的评价误导？

我希望你们在未来能找到具备儿童知识的电影评论员，他们在评论电影时会注重儿童及其家长的最大利益。

谨上

结语

解救困在电子屏幕里的儿童！

就在我开始写结语的当天，《纽约时报》（*The New York Times*）刊登了《教师说技术改变了学生的学习方式》（Technology Changing How Students Learn, Teachers Say；Richtel，2012）一文。这篇文章报道了皮尤研究中心（Pew Research Center）的一项研究：他们发现近 90% 的教师相信“数字技术正在塑造注意力跨度短、容易分心的一代”。这篇文章中的内容让我产生了几个疑问。孩子们较短的注意力跨度会如何影响我们的教学工作？如果有影响的话，我们应该做些什么来调整教学以适应这种趋势？我们如何才能抵制这一趋势，并将提高儿童注意力的做法付诸实践？

虽然需要针对快速变化的技术对儿童的长期影响进行更多的研究，但这一新发现提醒我们，要认真对待屏幕对儿童不断增加的影响。媒体时代正在改变我们的儿童，因此我们需要更多地了解如何调整我们的方法，以适应这些变化。

一个社会能在多大程度上生存和繁荣，取决于它能在多大程度上促进儿童获得适宜的发展和学习，并帮助他们成长为快乐、满足、对社会有贡献的成员。这一点在幼年时期尤为重要，因为这将为儿童以后的学习和发展奠定基础。

作为研究如何促进儿童发展和福祉的专业人士，我们有责任认真对待影响儿童发展的各种社会力量。我们越是了解这些力量以及如何适应它们，我们就越能有效地发挥自己的重要作用。

我希望本书能帮助你们在媒体时代促进儿童的成长和发育。在与教师和家长针对这些问题进行了多年的合作后，我可以真诚地说，在阅读完本书后你会发现，将本书和其他资料中的指南应用于你的实际教学非常有效。我也相信，如果我们能够帮助孩子们摆脱媒体的操控，他们就能适应这个时代并茁壮成长。

参考文献①

American Academy of Pediatrics. 2009. "Policy Statement—Media Violence." *Pediatrics* 124 (5):1495–1503.

American Academy of Pediatrics. 2012. "Where We Stand: TV Viewing Time." November 30.

American Academy of Pediatrics, American Public Health Association, & National Resource Center for Health and Safety in Child Care and Early Education. 2011. *Caring for Our Children: National Health and Safety Performance Standards—Guidelines for Early Care and Education Programs.* 3rd ed. Elk Grove Village, IL: AAP, APHA, & NRC.

American Psychological Association. 2010. *Report of the APA Task Force on the Sexualization of Girls.* Washington, DC: APA.

Anderson, C. 2003. "Violent Video Games: Myths, Facts, and Unanswered Questions." *Psychological Science Agenda* 16 (5).

Averill-Savino, K. 1997. "T. Berry Brazelton Talks About 90s Parents and Their Kids." *Sacramento Parent Magazine* January: 17, 19.

Barbaro, A., & J. Earp. 2008. *A Media Education Foundation Study Guide—Consuming Kids: The Commercialization of Childhood*. Northampton, MA: Media Education Foundation.

Beresin, E. 2010. "The Impact of Media Violence on Children and Adolescents: Opportunities for Clinical Interventions." *The DevelopMentor*, a newsletter of the American Academy of Child & Adolescent Psychiatry.

Bornstein, D. 2011. "Hard Times for Recess." *The New York Times*, April 4.

---

① 为了环保，也为了节省您的购书开支，本书参考文献不在此一一列出。如果您需要完整的参考文献，请通过电子邮箱 1012305542@qq.com 联系下载，或者登录 www.wqedu.com 下载。您在下载中遇到问题，可拨打 010-65181109 咨询。

Briesch, R.A., &E. Bridges. 2006. “The ‘Nag Factor’ and Children’s Product Categories.” *International Journal of Advertising* 25 (2): 157–186.

Brown, L.M., S. Lamb, & M. Tappan. 2009. *Packaging Boyhood: Saving Our Sons From Superheroes, Slackers, and Other Media Stereotypes*. New York: St. Martin’s Press.

Campaign for a Commercial-Free Childhood. 2012a. “Baby Scam: Marketing to Infants and Toddlers.” Accessed June 25.

Campaign for a Commercial-Free Childhood. 2012b. “Kids and Screens.” Accessed June 24.

Campaign for a Commercial-Free Childhood. 2013a. “Marketing to Children Overview.” Accessed January 11.

Campaign for a Commercial-Free Childhood. 2013b. “2013 School Bus Ad Action Center.”

Campaign for a Commercial-Free Childhood, Alliance for Childhood, & Teachers Resisting Unhealthy Children’s Entertainment. 2012. *Facing the Screen Dilemma: Children, Technology, and Early Education.* Boston: Campaign for a Commercial-Free Childhood; New York: Alliance for Childhood.

Carnegie Corporation of New York. 1996. *Years of Promise: A Comprehensive Learning Strategy for America’s Children.* New York: Carnegie Corporation.

Christakis, D., & F. Zimmerman. 2006. “Early Television Viewing Is Associated With Protesting Turning Off the Television at Age 6.” *Medscape General Medicine* 8 (2): 63.

Crisp, S. 2013. “iPotty: Toilet Training … Now With Added iPad.” *Gizmag*, January 13.

Dohnt, H. K., & M. Tiggemann. 2006. “Body Image Concern in Young Girls: The Role of Peers and Media Prior to Adolescence.” *Journal of Youth and Adolescence* 35 (2): 141–151.

Elder, C. A., & M. C. Obel-Omia. 2012. “Why Bother With Recess?” *Education Week* 31 (30): 27.

Eron, L. D., Gentry, J. H., & Schlegel, P., eds. 1994. *Reason to Hope: A Psychosocial Perspective on Violence and Youth.* Washington, DC: American Psychological Association.

“Factbox: A Look at the $65 Billion Video Game Industry.” 2011. *Reuters*, June 6.

Fisher, R., W. Ury, & B. Patton. 2011. *Getting to Yes: Negotiating Agreement Without Giving In.* Rev. ed. New York: Penguin.

Gordon, S. 2011. “Parents Find Media Rating Systems Lacking: Create a Universal System to Rate Movies, TV, and Video Games, Study Suggests.” *US News & World Report*, June 21.